아이패드
인물 드로잉
with
프로크리에이트 & 어도비 프레스코

서미리

미술을 전공했고 입시미술과 아동미술을 가르친 경력이 햇수로 13년이다.
석고입시 세대였던 나는 자연스럽게 인물그림을 즐겨 그렸다. 어릴 적부터 우리에게 인
물그림은 가장 친숙한 주제였다. 여전히 얼굴을 잘 그리고 싶어하는 사람들이 많다는 것
을 느끼면서 아이패드를 도구 삼아 인물그림을 그리는 방법을 공유하고 싶어 유튜브 채
널을 운영하기 시작했다. 현재는 개인전, 아트페어 참가를 하며 회화작가로써 활발히 활
동하고 있다.

유튜브 : 미리내_Milky Way

인스타그램 : @from_miri

이메일 : blancmiri0311@gmail.com

아이패드 인물 드로잉 with 프로크리에이트 & 어도비 프레스코

초판 1쇄 발행 2021년 6월 21일
초판 2쇄 발행 2022년 3월 31일

지은이 서미리
발행인 최영민
발행처 피앤피북
주소 경기도 파주시 신촌2로 24
전화 031-8071-008
팩스 031-942-8688
전자우편 pnpbook@naver.com
출판등록 2015년 3월 27일
등록번호 제406-2015-31호

ISBN 979-11-91188-37-0 13000

저자 한마디

우리가 가장 많이 보고 가장 많이 접하는 형태는 바로 사람의 얼굴입니다. 그래서 우리는 연필을 잡을 수 있는 나이부터 대부분 가장 친숙한 사람을 먼저 그렸습니다.

나 자신, 엄마와 아빠, 친구, 심지어 동물, 식물에게도 사람과 같은 눈코입을 그려 넣기도 했습니다. 이상하게 어릴 적엔 스스럼없이 그렸던 사람 얼굴이 점점 커가면서 어렵게 느껴지곤 합니다. 왜냐하면, 보는 눈은 점점 높아지고 보이는 것은 많아졌는데 보는 만큼 손은 따라오지 못하기 때문이죠. 그림은 100% 똑같이 그려야만 하는 것은 아닙니다. 사람의 개성에 따라 무한히 표현될 수 있어요. 그것이 그림의 매력이라고 생각합니다. 하지만 그런 개성을 표현하려면 기본 형태력이 받쳐줘야 가능합니다. 이 책이 여러분에게 기본기가 되어 줄 수 있는 책이길 바랍니다.

그리고 나아가 자신만의 개성이 가득한 그림을 그리시길 바랍니다.

저의 첫 책을 위해 함께 신경 써주시고 고생해주신 피앤피북과 실장님에게 감사의 인사 드립니다. 든든히 제 곁에서 응원해주시는 부모님과 이 책을 위해 기꺼이 아이들 사진을 보내준 정희(서은)와 은혜(단이), 그리고 웃는 얼굴이 예쁜 아영이, 단란하고 행복한 은숙언니, 세창오빠, 진석이 가족에게 사랑과 감사의 인사를 전합니다.

마지막으로 늘 제 재능을 치켜세워주고 용기와 아낌없는 지원을 해주는 남편에게 사랑한다는 말을 전하고 싶습니다.

저자. 서미리

미리보기 preview

미리보기 preview

PART 03 실사화 그리기

어렵다고 생각하는 인물 그림을 이목구비 그리는 법부터 차근차근 알아봅니다. 아이와 어른, 가족, 커플을 그리는 방법을 쉽게 배울 수 있습니다.

PART 04 어도비 프레스코로 인물 그리기

어도비 프레스코의 기본 기능들을 익힌 후 라이브 유화 브러시를 이용해 인물을 그려봅니다. 유화 느낌이 나는 멋진 그림을 만들어 봅니다.

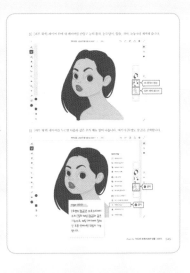

차 례 contents

PART 02

카툰 드로잉 그리기

PART 03

실사화 그리기

PART 04

어도비 프레스코로 인물 그리기

반실사화 반측면 그리기

반실사화 측면 그리기

반실사화 정면 그리기

Gallery 04

실사화 눈 그리기

실사화 코 그리기

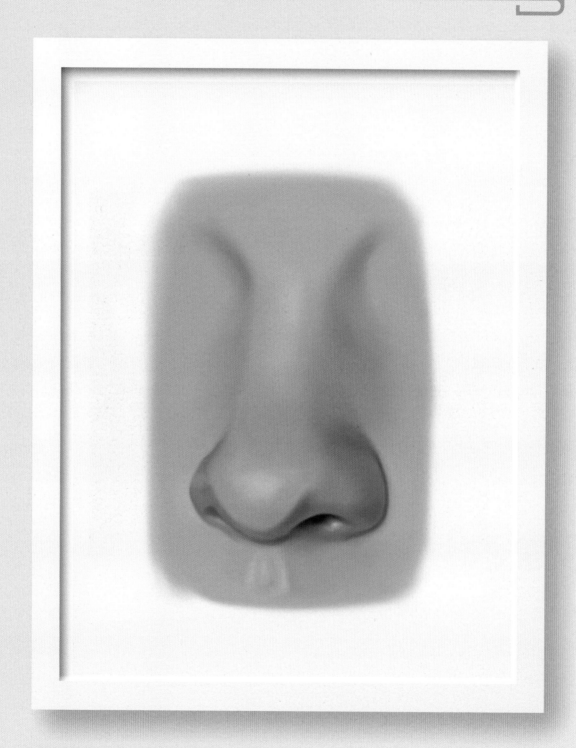

실사화 입술 그리기

실사화 귀 그리기

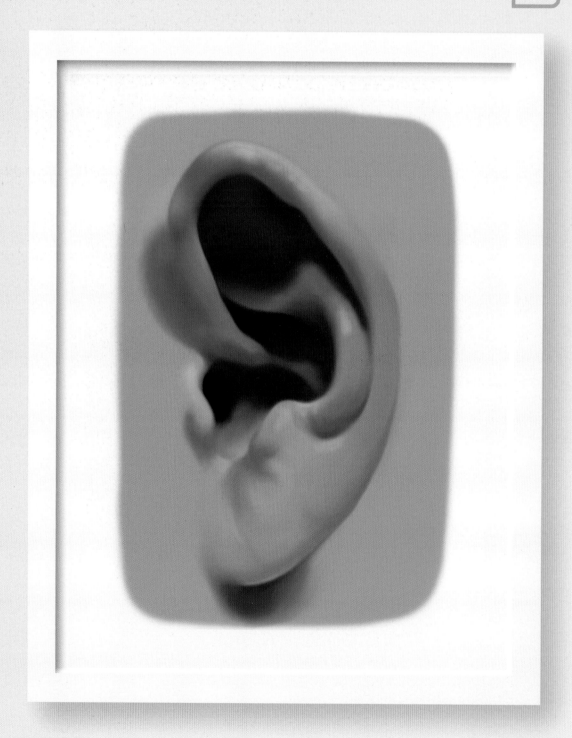

실사화 묶은 머리카락 그리기

실사화 웨이브 머리카락 그리기

실사화 아기 얼굴 그리기

실사화 성인 여자 얼굴 그리기

Gallery 12

실사화 가족 그리기

실사화 커플 그리기

프레스코 / 유화 브러시로 반실사화 그리기

프레스코 / 면 스케치로 사실화 그리기

아이패드 인물 드로잉

PART

01

프로크리에이트 기초 탄탄하게 다지기

" 이 책은 인물 그림에 보다 쉽게 접근할 수 있도록 기초부터 심화 과정까지 다루고 있습니다. 그림을 그리는 데 꼭 필요한 프로크리에이트의 기본 툴을 살펴보고, 조금 더 쉽게 인물 그림에 접근할 수 있는 기초를 배워봅시다.

CHAPTER 01
프로크리에이트와
어도비 프레스코 알아보기

프로크리에이트와 어도비 프레스코를 사용하기 전에 필요한 준비물을 알아보고, 각각의 설치 방법과 특징을 살펴보겠습니다.

 STEP 01 **프로크리에이트와 어도비 프레스코 설치 및 특징**

1 준비물

아이패드 드로잉과 채색에서 필요한 준비물은 아이패드와 애플펜슬입니다. 종이 위에 그리는 손그림은 종이, 붓, 펜, 연필, 지우개, 물통 등 재료별로 구비해야 하고 일일이 꺼내어 사용해야 하지만, 프로크리에이트와 어도비 프레스코는 어플 하나만으로 이 모든 것을 구현할 수 있습니다. 프로크리에이트는 애플펜슬 외에도 다른 스타일러스 펜을 사용할 수 있지만, 반응 속도도 좋고 펜슬의 기울기 감지, 필압 감지가 뛰어난 애플펜슬을 추천합니다.

2 프로크리에이트와 어도비 프레스코 설치하기

프로크리에이트는 ios 전용 어플입니다. 앱 스토어의 검색창에서 '프로크리에이트' 또는 'procreate'를 검색하면 다운받을 수 있습니다. 프로크리에이트의 가격은 약 12,000원으로 한 번 결제로 추가비용 없이 계속 사용할 수 있습니다.

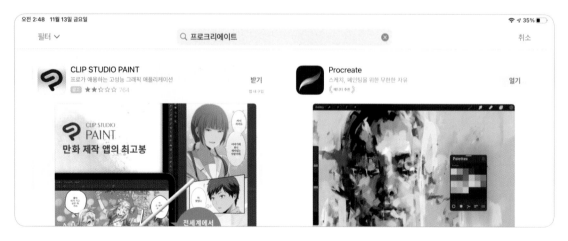

▲ 프로크리에이트 검색 화면

어도비 프레스코는 ios, Microsoft Surface, Wacom Mobile Studios에서 사용 가능한 어플입니다. 앱 스토어에서 '어도비 프레스코'를 검색하면 나옵니다.

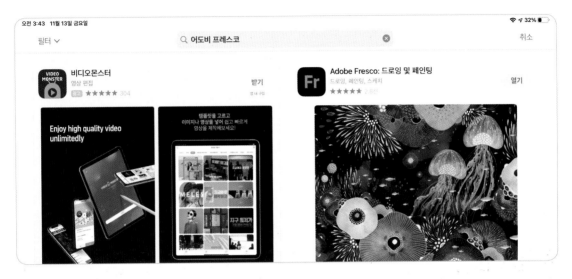

▲ 어도비 프레스코 검색 화면

어도비 프레스코는 무료 버전과 유료 버전이 있습니다. 무료는 파란색 별 표시(유료 버전일 때만 사용 가능한 기능)가 되어 있는 기능들을 뺀 나머지만 사용이 가능하고, 유료는 모든 기능을 사용할 수 있습니다. 유료로 구독을 시작하면 첫 달은 무료이고, 그 이후부턴 월 13,000원이 결제됩니다.

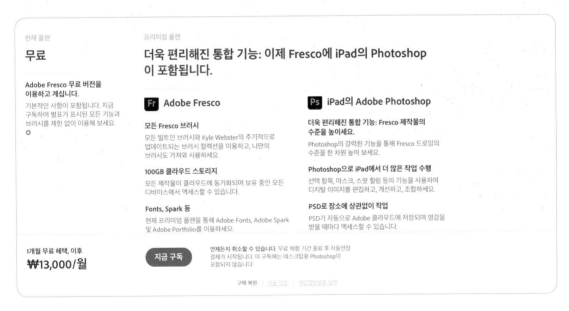

▲ 어도비 프레스코 무료 화면

1. 프로크리에이트의 특징

프로크리에이트는 한 번 결제로 무한기간 사용할 수 있는 어플이라는 장점이 있습니다. 게다가 주기적으로 좋은 기능을 계속 업데이트해 줍니다. 또한 그림을 편리하게 수정할 수 있고, 원하는 대로 이미지를 만들어 내는 것은 물론, 다양한 효과를 가지고 있으며, 그림 완성작은 다양한 파일 형식으로 그림을 보관, 활용할 수도 있습니다.

프로크리에이트에는 기본적으로 제공되는 기본 브러시들이 상당히 많은 편이고 나만의 브러시를 만들 수도 있고 다른 사람들이 만든 커스텀 브러시를 무료로 다운받을 수도 있습니다. 브러시를 무료로 다운받으려면 사파리에서 'procreate.art'로 들어간 후, 우측 상단의 [Community]를 클릭합니다.

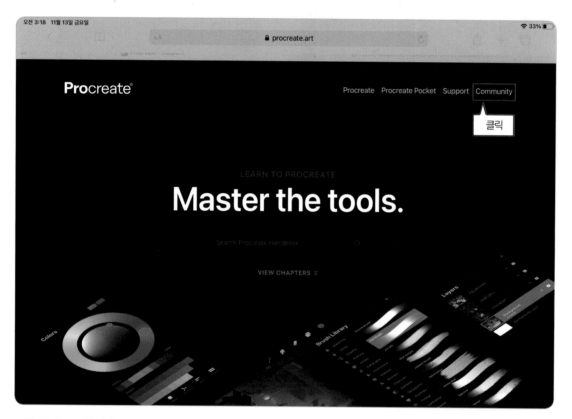

▲ 브러시 무료로 다운받기

[Discussions] 메뉴를 클릭해 들어가 하단으로 스크롤하면 나오는 'Resources'를 클릭합니다. 'Resources' 로 들어가면 다른 프로크리에이트 유저들이 올린 무료 브러시들이 나옵니다. 하나씩 살펴보며 마음에 드는 브러시를 직접 다운받으면 됩니다.

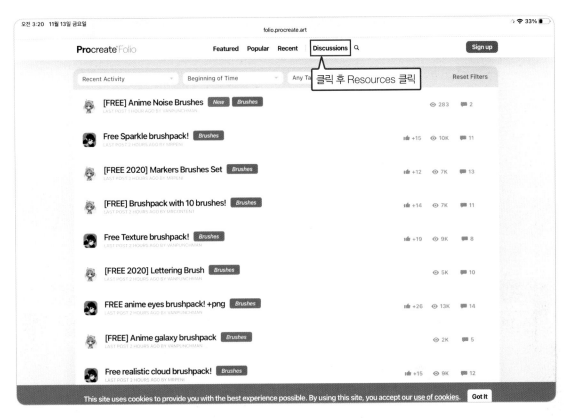

▲ 다른 유저들이 올린 무료 브러시

또는 유료 브러시를 다운받을 수 있는 'creativemarket.com'으로 들어가면 굉장히 퀄리티가 좋은 유료 브러시들이 많습니다. 하나씩 살펴보며 마음에 드는 브러시를 다운받을 수 있습니다.

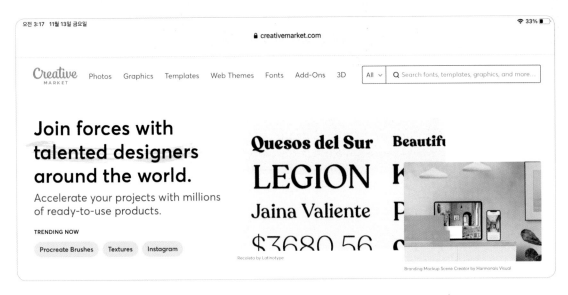

▲ 유료 브러시 다운받기 사이트

2. 어도비 프레스코의 특징

'Fresco'는 이탈리아어로 '신선한'이라는 뜻입니다. 프레스코는 이름처럼 '역시 어도비'라는 생각이 들 정도로 획기적인 기능이 있습니다. 어도비 프레스코의 가장 큰 장점은 바로 어도비 센세이를 기반으로 수채화와 유화물감의 리얼한 효과를 재현해 낸 라이브 브러시입니다. 수채화 브러시의 번짐 효과와 유화 브러시의 질감 표현과 다른 컬러와의 믹스 표현은 정말 신선한 충격으로 다가옵니다. 또한 유명 디지털 브러시 제작자인 카일 웹스터Kyle T. Webster의 브러시를 사용할 수 있습니다(단, 유료 버전일 경우).

또한 어도비에서 만든 드로잉 어플인 만큼 어도비 포토샵과 일러스트레이터와의 호환이 매우 편리합니다. 포토샵과 일러스트레이터에 비해 인터페이스가 간결해서 전문가뿐만 아니라 초심자들도 쉽게 접근할 수 있습니다. 어도비 프레스코 유저들의 피드백을 적극적으로 수용해 주기적으로 업데이트를 해주며, 앞으로 출시 예정 기능도 스포해 줍니다.

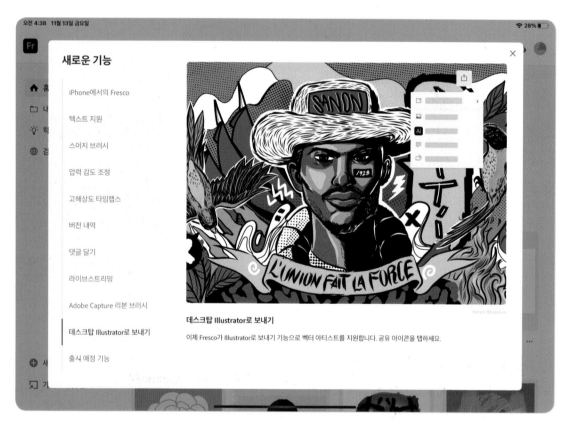

▲ 어도비 프레스코의 새로운 기능 소개

CHAPTER
02

프로크리에이트 기본 기능 알아보기

프로크리에이트로 그림을 그리기 위해서 기본적으로 알아야 할 툴이 있습니다. 다양한 툴들을 숙지한다면 작업을 조금 더 쉽고 편리하게 할 수 있습니다. 이번 장에선 프로크리에이트가 제공하는 툴들을 살펴보겠습니다.

STEP 01 캔버스 만들기

그림을 그리기 전 첫 번째 단계는 캔버스 만들기입니다. 쉽게 말해 캔버스는 우리가 그림을 그릴 종이로, 다양한 사이즈와 해상도를 설정할 수 있습니다.

우측 상단의 + 버튼을 누르면 기본 캔버스 설정이 나옵니다. 여기서 내가 원하는 사이즈의 캔버스를 선택하거나 내가 원하는 사이즈로 캔버스를 만들 수도 있습니다. 작은 + 버튼을 눌러주면 사용자 지정 캔버스로 들어갈 수 있습니다.

화면 상단의 ❶ '제목 없는 캔버스'를 누르면 내가 만들고자 하는 캔버스의 이름을 수정할 수 있습니다. 캔버스 사이즈는 픽셀로 기본 설정되어 있지만, ❷ 밀리미터, 센티미터, 인치 등의 단위로 설정할 수 있습니다. 편

한 방법으로 단위를 설정한 후, 원하는 너비와 높이를 설정하면 됩니다(단, 캔버스 사이즈가 커질수록 생성할 수 있는 레이어 수는 줄어듭니다). ❸ DPI는 디스플레이나 프린터의 해상도 단위입니다. DPI가 높을수록 인쇄나 스캔을 할 때 또렷한 결과물을 얻을 수 있습니다. 필자는 보통 300DPI로 작업합니다(더 큰 사이즈로 작업할 땐 DPI를 더 높이면 됩니다).

'색상 프로필'은 RGB와 CMYK 모드로 나뉘어 있는데 디지털 작업이라면 RGB 모드, 출력 작업이라면 CMYK 모드로 선택하면 됩니다.

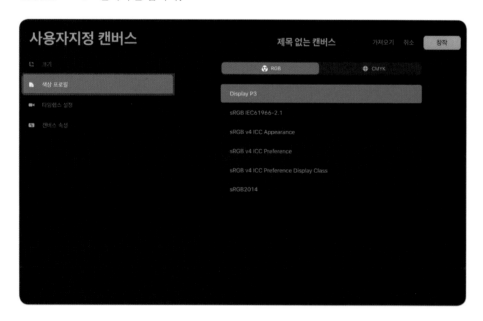

프로크리에이트에는 내가 그림을 그린 과정을 빠르게 녹화할 수 있는 타임랩스라는 기능이 있습니다. '타임 랩스 설정'에는 동영상 화소를 설정할 수 있는 옵션과 품질을 설정할 수 있는 옵션이 있습니다.

'캔버스 속성'에선 캔버스의 배경 색상을 설정할 수 있습니다. 기본 white로 설정되어 있는데 내가 원하는 컬러로 변경할 수 있습니다.

'배경 숨김'을 활성화하면 캔버스 배경이 투명하게 보입니다. 캔버스 커스텀이 완료되었다면 우측 상단의 [창작]을 누르면 됩니다.

STEP 02   프로크리에이트 인터페이스 알아보기

프로크리에이트의 인터페이스는 직관적이고 간결합니다. 하지만 있을 것은 다 있는, 군더더기 없이 작업할 때 꼭 필요한 기능만 알차게 들어가 있습니다. 어떤 기능들이 있는지 알아봅시다.

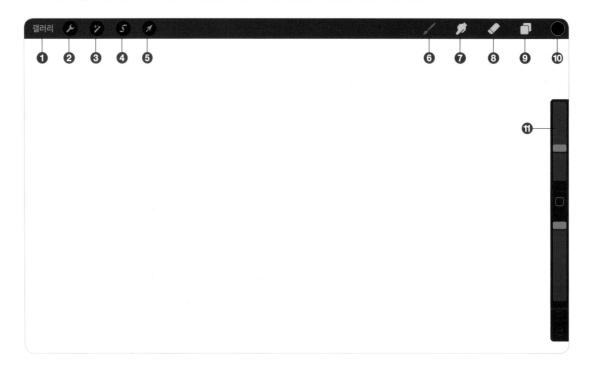

❶ 갤러리 : 프로크리에이트의 첫 화면으로 돌아갑니다.

❷ 동작 : 작업 환경을 편리하게 만들어 주는 기능들이 있습니다.

1) 추가 : 캔버스에 사진이나 파일, 직접 찍은 사진, 텍스트를 삽입할 수 있습니다. 또한 선택한 그림을 잘라내거나 복사할 수 있습니다.

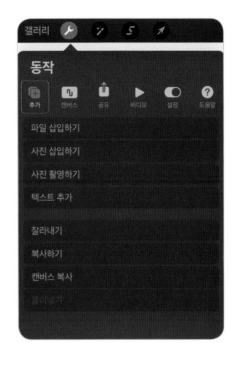

2) 캔버스 : 캔버스의 속성을 편집할 수 있습니다.

ⓐ 잘라내기 및 크기변경 : 내가 설정한 캔버스 크기를 잘라내거나 키워서 크기변경을 할 수 있습니다. 이때 내가 설정한 크기보다 크게 만들면 생성할 수 있는 레이어 수가 줄어듭니다. 반대로 작게 만들면 생성 레이어 수가 많아집니다.

ⓑ 애니메이션 어시스트 : 움직이는 gif 파일을 편하게 만들 수 있게 도와주는 기능입니다. 하단의 프레임으로 그림이 움직이는 것을 바로 볼 수 있어서 편리합니다.

ⓒ 그리기 가이드 & 편집 그리기 가이드 : 그림을 보다 그리기 쉽게 만들어 주는 가이드를 제공합니다. 편집 그리기 가이드는 그리기 가이드가 활성화되어 있어야 사용 가능합니다.

ⓓ 레퍼런스 : 사진을 참고해 그려야 할 때 사용하기 좋은 기능입니다.

3) 공유 : 작업물을 저장할 수 있는 다양한 파일 형식이 있습니다.

ⓐ Procreate : 프로크리에이트 파일입니다. 다른 기기의 프로크리에이트 어플에서 열 수 있고 작업한 레이어는 물론, 타임랩스까지 확인할 수 있습니다.

ⓑ PSD : 포토샵용 파일입니다. 레이어를 살린 채 저장이 가능합니다. 프로크리에이트에서 작업한 후, 포토샵 작업으로 이어질 때 이 파일 형식으로 저장하면 됩니다.

ⓒ PDF : 문서파일 유형으로, 인쇄할 때 좋은 파일 형식입니다.

ⓓ JPEG : 일반적인 이미지 파일입니다. 이 파일 역시 인쇄할 때 많이 사용됩니다.

ⓔ PNG : 투명한 배경으로 저장할 수 있는 파일입니다. 보통 이모티콘이나 스티커를 만들 때 많이 사용됩니다.

ⓕ TIFF : 무손실 압축파일입니다.

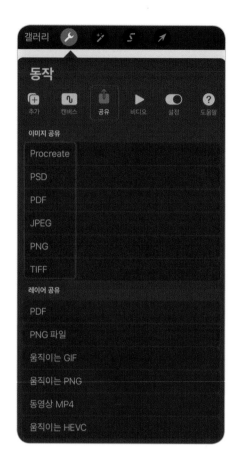

4) 비디오 : 작업물을 녹화할 수 있는 기능이 있습니다. 타임랩스 녹화를 활성화해 놓으면 작업 과정을 다시 보기 할 수 있고, 내보내기로 저장도 할 수 있습니다.

5) 설정 : 사용자가 프로크리에이트를 편리하게 사용할 수 있는 환경을 만들어 주는 옵션들이 있습니다.

ⓐ 밝은 인터페이스 : 인터페이스를 밝게 바꿔줍니다.

ⓑ 오른손잡이 인터페이스 : 사이드 바가 오른쪽으로 이동합니다.

ⓒ 브러시 커서 : 브러시를 사용할 때 선택한 브러시의 모양을 보여줍니다.

ⓓ 프로젝트 캔버스 : 큰 화면에서 작업하고 싶을 때 사용합니다. 다른 모니터에 연결한 후, 프로크리에이트 안에서 작업할 수 있는 기능입니다.

ⓔ 서드파티 스타일러스 연결 : 애플펜슬이 아닌 다른 펜슬을 사용할 수 있게 만들어 주는 기능입니다.

ⓕ 압력 곡선 편집 : 필압을 설정할 수 있습니다.

ⓖ 제스처 제어 : 작업을 보다 빠르고 편리하게 할 수 있게 도와줍니다.

❸ 조정 : 컬러 조정, 흐림 효과, 필터 효과 등 다양한 효과를 줄 수 있는 기능들이 있습니다.

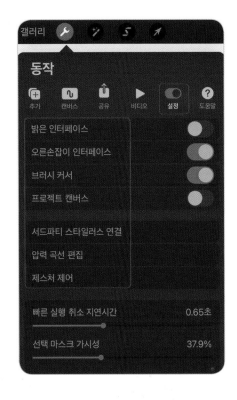

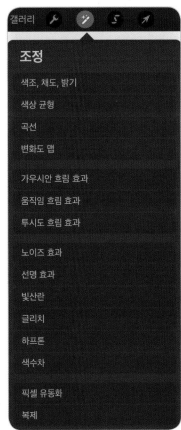

❹ **선택** : 이미지 영역을 지정해 원하는 부분만 변경할 수 있습니다.

❺ **변형** : 이미지를 확대, 축소, 회전, 왜곡할 수 있습니다.

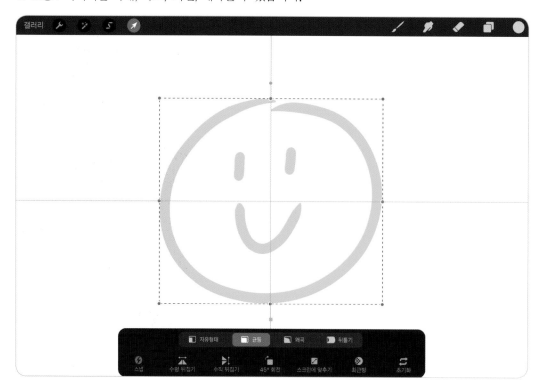

❻ 브러시 : 드로잉과 페인팅에 사용되는 브러시들입니다. 모든 브러시를 하나씩 사용해 보며 느껴보길 바랍니다. 프로크리에이트엔 굉장히 많은 브러시들이 있지만, 인물 그림에 사용하기 좋은 브러시가 있습니다. 그중 가장 무난한 브러시를 추천합니다.

1) 에어브러시 : 강약 조절이 가능하고 무엇보다 브러시 끝이 부드럽게 표현되어 채색을 하기에 매우 좋은 브러시입니다.

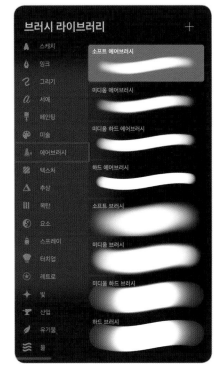

2) 가는 머리칼 브러시 : 가는 머리칼 브러시는 터치업 안에 있습니다. 가는 선들이 여러 겹 겹쳐 있어서 세밀한 머릿결을 표현하기에 좋은 브러시입니다.

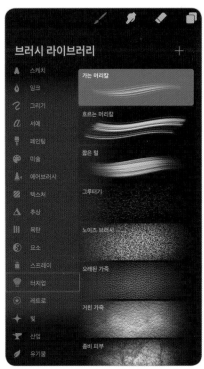

3) **6B 연필 브러시** : 스케치 안에 있는 6B 연필 브러시는 스케치나 선 드로잉에 적합한 브러시입니다. 강약 조절이 가능하고, 펜의 기울기에 따라 다양한 두께 표현도 가능한 브러시입니다.

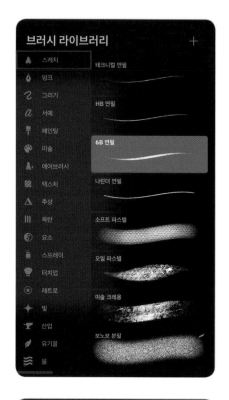

4) **잉크 번짐 브러시** : 잉크 안에 있으며 채색에도 좋지만, 스케치에 더 좋은 브러시입니다. 브러시 불투명도를 낮춰 스케치하면 자연스러운 드로잉이 가능합니다.

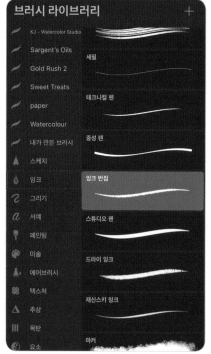

5) 앙고라 – 미리내 브러시 : 필자가 만든 커스텀 브러시로, 강
약조절이 가능하고 브러시 끝이 부드럽게 풀어져 채색뿐
만 아니라 스케치에도 좋은 브러시입니다. 거의 모든 그림
을 앙고라 – 미리내 브러시 하나로만 작업할 정도로 필자
가 선호하는 브러시입니다.

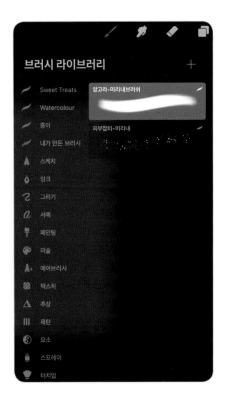

❼ 스머지 : 'smudge'는 '번지게 하다'라는 뜻처럼 경계를 문질러 자연스럽게 그러데이션을 할 수 있는 툴입
니다. 인물 그림에 정말 요긴하게 쓰입니다. 스머지 툴을 애플펜슬로 길게 누르면 채색 브러시와 같은 브
러시로 자동 변경됩니다.

❽ **지우개** : 작업을 지울 때 사용합니다. 프로크리에이트는 정말 다양한 기본 내장 브러시가 있으며 브러시뿐만 아니라 스머지, 지우개 툴에도 모두 같은 브러시들이 있어서 같은 느낌으로 이질적이지 않게 표현할 수 있습니다. 지우개도 역시 애플펜슬로 길게 누르면 채색 브러시와 같은 브러시로 자동 변경됩니다.

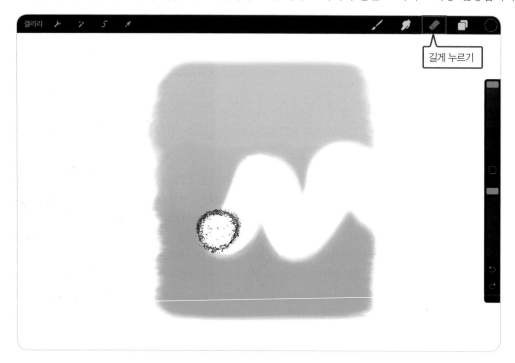

❾ **레이어** : 작업 과정을 보다 편리하게 관리할 수 있는 툴입니다. 레이어는 눈에 보이지 않는 투명한 층이라고 생각하면 됩니다. 레이어가 많아질수록 투명한 층은 계속 위로 쌓이게 됩니다. 한 개의 레이어로만 그리는 것보다 나눠서 사용하면 그림을 수정하기가 훨씬 용이합니다. 레이어 창의 + 버튼을 누르면 새로운 레이어를 생성할 수 있습니다. 단, 앞서 설명한 것처럼 캔버스 크기에 따라 생성할 수 있는 레이어 수는 한정되어 있습니다.

⓾ **색상** : 채색 시 컬러를 선택할 수 있는 색상에는 디스크, 클래식, 하모니, 값, 팔레트 5개의 색상 모드가 있습니다.

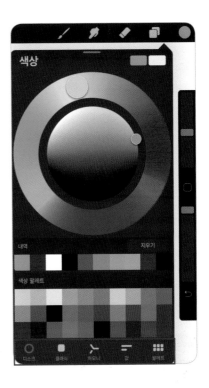

⓫ **사이드 바** : 브러시 크기와 불투명도를 즉각적으로 변경할 수 있는 툴이 화면의 왼쪽 바에 나와 있습니다.

ⓐ 브러시 크기 조절 슬라이더
ⓑ 색상 스포이드
ⓒ 브러시 불투명도 조절 슬라이더
ⓓ 실행 취소
ⓔ 다시 실행

제스처는 직관적으로 작업을 수행할 수 있는 기능입니다. 몇 개의 기본 동작만 알아도 작업을 빠르고 쉽게 할 수 있습니다. 프로크리에이트에서 가장 많이 사용하는 기능 중 하나인 제스처 동작을 배워봅시다.

1 실행 취소 & 다시 실행

프로크리에이트 안에서 작업할 때 가장 많이 사용하는 제스처 중 하나입니다. 사이드 바에도 버튼이 있지만, 제스처가 훨씬 편합니다. 두 개의 손가락으로 화면을 짧게 탭하면 실행 취소, 세 개의 손가락으로 짧게 탭하면 다시 실행이 됩니다. 이때 훨씬 전이나 후로 되돌리고 싶다면 길게 탭하면 됩니다.

2 확대, 축소, 회전

캔버스에 두 개의 손가락을 대고 벌려주면 캔버스가 확대, 오므려주면 축소, 돌려주면 회전이 됩니다. 이때 두 손가락으로 빠르게 오므려주면 캔버스가 원래 사이즈로 조정됩니다.

3 갤러리 화면 회전

굳이 캔버스 안으로 들어가지 않아도 갤러리에서 회전하고 싶은 그림 위에 두 손가락을 대고 돌려주면 그림이 회전됩니다.

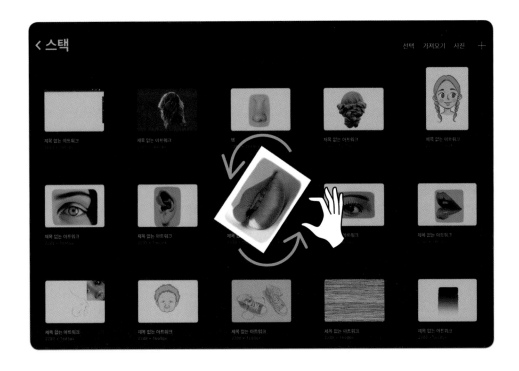

4 미리보기

캔버스 안으로 들어가지 않고 갤러리 화면에서 그림만 미리보고 싶을 때 보고 싶은 그림 위에 두 개의 손가락을 대고 벌려주면 큰 화면으로 미리보기가 가능합니다. 화면 전체에 미리보기를 한 상태에서 왼쪽이나 오른쪽으로 밀어주면 그 외의 다른 그림들을 볼 수 있습니다.

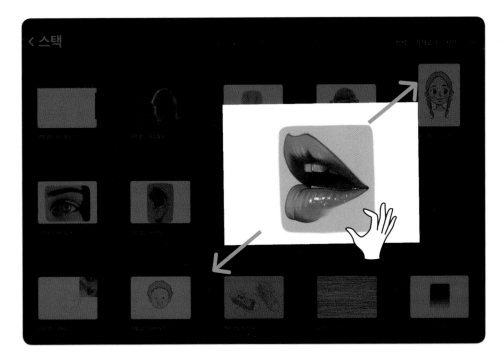

5 캔버스 전체 화면으로 보기

네 개의 손가락으로 화면을 탭하면 인터페이스가 숨겨지고 그릴 수 있는 캔버스가 전체 화면으로 보입니다.
인터페이스를 다시 보이게 하려면 앞서와 동일하게 네 개의 손가락으로 화면을 탭하면 됩니다.

6 복사하기 및 붙여넣기

캔버스 위에 세 개의 손가락을 대고 아래로 쓸어주면 나옵니다.

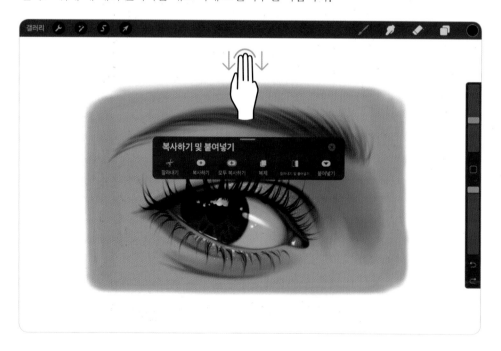

7 스포이드

한 개의 손가락으로 추출하고 싶은 컬러 위를 길게 탭하면 색이 추출됩니다. 원을 중심으로 위쪽은 추출한 색상, 아래쪽은 현재 쓰고 있는 색상입니다. 동작–설정–제스처 제어–스포이드 툴에서 사용하기 편한 방법으로 제스처를 설정할 수 있습니다.

8 그림 지우기

지우고 싶은 그림이 있는 레이어가 선택된 상태에서 세 개의 손가락을 화면에 대고 좌우로 빠르게 움직여주면 그림이 지워지고 상단에 '지우기 완료'가 뜨면서 해당 레이어가 비워집니다. 지우개로 일일이 지우기 번거로울 때, 빠르게 그림을 지우고 싶을 때 사용하기 좋은 제스처입니다.

STEP 04 QuickShape & 컬러드롭

1 QuickShape

도구로 그린 듯한 선과 도형 모양을 편집할 수 있는 기능입니다. 선을 그린 후, 애플펜슬을 화면에서 떼지 않고 누르고 있으면 직선으로 보정됩니다. '선 생성됨'과 동시에 나타나는 '모양편집'을 누르면 양쪽 선 끝에 생긴 핸들로 선을 움직일 수 있습니다.

동그라미를 그리고 펜을 떼지 않은 채 누르고 있으면 정리된 원으로 만들어 줍니다. '타원 생성됨'과 동시에 나타나는 '모양편집'을 누르면 상단에 타원 또는 원으로 편집할 수 있는 메뉴가 생깁니다. 선과 마찬가지로 핸들이 생기고 모양을 변형할 수 있습니다.

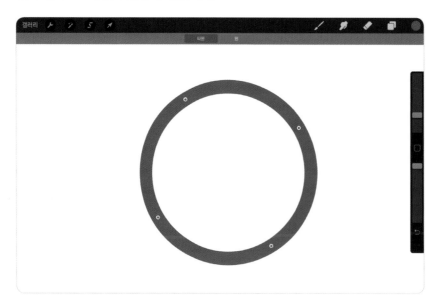

사각형을 그리고 펜을 떼지 않고 누르고 있으면 자동으로 모양을 정리해 줍니다. '사변형 생성됨'과 동시에 나타나는 '모양편집'을 누르면 상단에 편집할 수 있는 메뉴가 생기는데 그 메뉴로 모양을 변형할 수 있습니다.

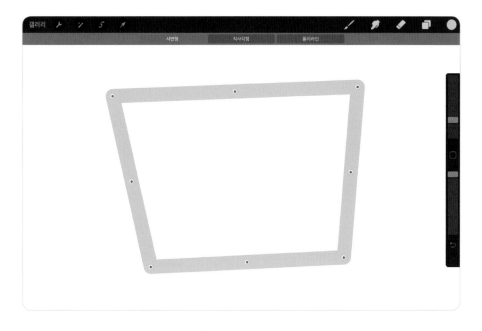

2 컬러드롭

색을 끌어와서 원하는 영역에 색을 채울 수 있습니다. 단, 작은 틈이라도 있는 형태라면 그림 밖까지 색이 채워지므로 색은 영역이 없는 형태여야 그 영역 안에만 색이 채워집니다. 하지만 빈틈없이 그려진 형태라도 선 자체가 흐릿하거나 무늬가 있다면 영역을 읽지 못하고 다른 부분까지 색이 채워지므로 유의해야 합니다.

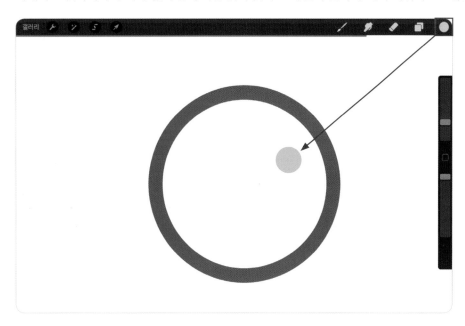

CHAPTER 03

프로크리에이트 핵심 기능 익히기

기본 기능만 알아도 그림 그리는 데 무리는 없지만, 조금 더 전문적인 기능을 숙지한다면 훨씬 디테일한 디지털 그림을 그릴 수 있습니다. 이번 장에선 프로크리에이트가 제공하는 상세한 기능들을 살펴보겠습니다.

STEP 01　그리기 가이드

[동작 툴]–[캔버스]–[그리기 가이드]를 활성화하면 그림을 보다 편하게 그리는 데 필요한 격자가 나타납니다.

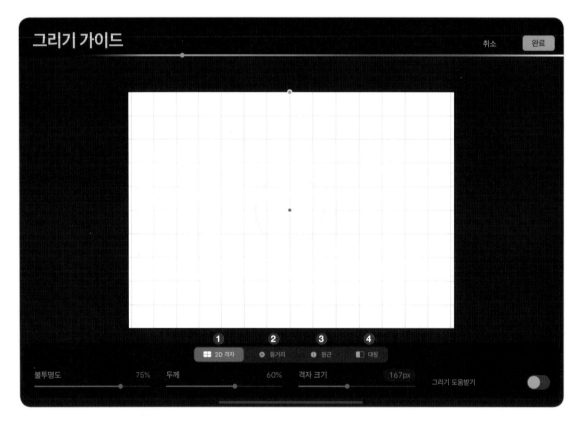

❶ 2D 격자 : 참고해 그리는 사진과 같은 비율로 그릴 수 있어서 형태를 잡기 어려워하는 초심자들에게 추천하는 기능입니다. 특히 필자가 인물을 처음 그리는 초심자들에게 먼저 권하는 스케치 방법입니다. 상단엔 선의 컬러를 바꿀 수 있는 컬러 바가 있고, 하단엔 선의 옵션을 바꿀 수 있는 기능이 있습니다. '그리기 도

움받기'를 활성화하면 캔버스 위에 그릴 때 격자 선과 브러시 획이 일치하게 그려집니다. 정확한 선을 구현하고 싶다면 '그리기 도움받기'를 활성화합니다.

❷ **등거리** : 원근감이 없는 육면체를 그릴 때 사용되는 기능입니다.

❸ **원근** : 투시가 필요한 그림에 많이 사용되는 기능입니다. 최대 소실점 3개까지 원하는 곳에 생성할 수 있습니다.

❹ **대칭** : 대칭 축 모양을 중심으로 한쪽에 그림을 그렸을 때 반대쪽에도 똑같이 그려지는 기능입니다. 옵션 안에 있는 수직, 수평, 사분면, 방사상 중 원하는 대칭 모양을 선택하고 '회전 대칭'을 활성화하면 그리는 반대 방향에도 그림이 그려집니다.

STEP 02   레이어

레이어는 디지털 그림에서 필수적으로 알아야 할 기능입니다. 여러 개의 레이어를 만들어 그림 수정을 편하게 할 수 있고 다양한 옵션 활용으로 그림을 보다 풍부하게 만들 수 있습니다.

1 레이어 혼합 모드

레이어 우측에 있는 작은 N 버튼을 누르면 사진과 같은 혼합 모드가 나옵니다. 레이어의 속성을 다양하게 변경할 수 있는 툴인데 위아래로 스크롤해 주면 바로바로 해당 속성의 효과가 적용되는 것을 볼 수 있습니다.

2 레이어 추가 메뉴

선택한 레이어 창을 한 번 더 누르면 작은 메뉴가 나옵니다.

❶ 이름변경 : 레이어 이름을 변경할 수 있습니다.

❷ 선택 : 해당 레이어의 작업을 선택합니다(p.40 선택 툴 참조).

❸ 복사하기 : 선택한 레이어를 복사합니다.

❹ 레이어 채우기 : 내가 선택한 색상이 레이어에 가득 채워집니다.

❺ 지우기 : 해당 레이어에 그려져 있는 그림을 모두 지웁니다.

❻ 반전 : 작업한 레이어의 반대의 색(보색)으로 바꿉니다.

❼ 레퍼런스 : 내가 그린 그림의 레이어에 레퍼런스를 설정하고, 그 위에 새 레이어를 만들었을 때 새로 만든 레이어에 아무것도 그려져 있지 않아도 아래 레퍼런스가 걸린 레이어에 영향을 받아 그림이 그려집니다.

❽ 아래로 병합 : 선택한 레이어와 그 아래에 있는 레이어를 그룹으로 묶습니다.

❾ 아래 레이어와 병합 : 선택한 레이어와 그 아래에 있는 레이어를 하나의 레이어로 만듭니다.

❿ 텍스트 편집 : 텍스트 레이어일 때 나오는 옵션으로 텍스트 편집창이 나옵니다.

⓫ 래스터화 : 텍스트 레이어를 픽셀로 바꿔 줍니다. 픽셀로 바뀐다는 것은 글씨가 이미지화되었다는 뜻입니다.

3 알파 채널 잠금

알파 채널 잠금을 활성화하면 칠해진 영역에만 채색이 가능한 기능입니다. 아무렇게나 그려도 내가 그린 그림 밖으로 삐져나가지 않기 때문에 기존에 그린 그림 안에서만 작업을 해야 할 경우 아주 편리한 기능입니다.

4 마스크

그림이 그려진 레이어의 마스크를 활성화하면 레이어 위에 '레이어 마스크'라는 이름의 레이어가 생깁니다. 레이어 마스크는 알파 채널 잠금처럼 마스크를 적용한 그림 안에서만 작업할 수 있습니다.

차이점은 레이어 마스크 안에선 검은색, 하얀색, 회색만 사용할 수 있습니다. 검은색을 선택하고 그리면 그림이 지워지고, 하얀색을 선택하고 그리면 지워진 부분이 컬러로 메꿔지며, 회색을 선택하고 그리면 반투명하게 지워집니다.

5 클리핑 마스크

클리핑 마스크를 활성화하면 레이어 좌측에 아래로 향한 화살표가 생깁니다. 이는 아래 그림에 마스크가 적용되었다는 의미로, 그 그림 안에서만 그릴 수 있습니다. 얼핏 알파 채널 잠금과 같은 효과인 것 같지만, 클리핑 마스크는 별도의 레이어 안에서 작업할 수 있기 때문에 수정이 훨씬 편한 기능입니다.

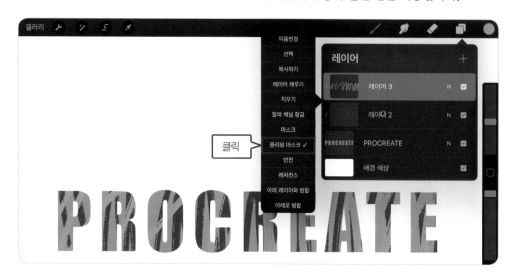

STEP 03 색상

채색 시 가장 많이 사용하게 될 툴 중 하나인 색상에는 총 5개의 모드가 있습니다. 작업하는 방식에 맞는 모드를 선택해 사용할 수 있습니다.

1 디스크 모드

색상환처럼 생긴 디스크 모드에서 색상은 원 테두리에서 선택하고, 명도와 채도는 원 안에서 선택할 수 있습니다. 아래 '색상 팔레트'에선 내가 원하는 컬러들을 저장해 바로 사용할 수 있습니다.

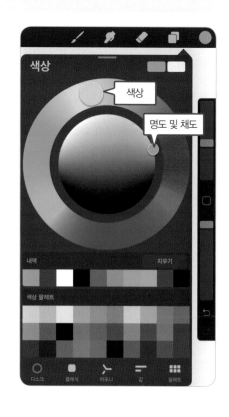

2 클래식 모드

색상, 채도, 명도를 보다 세밀하게 선택할 때 사용하기 좋은 모
드입니다. ❶은 색상 조절 바, ❷는 채도 조절 바, ❸은 명도 조
절 바입니다. 정확한 백색과 흑색을 고르려면 클래식 모드에서
선택합니다.

3 하모니 모드

선택한 색의 유사색이나 보색을 찾고 싶을 때 사용하기 좋은
모드입니다. 원의 바깥에서 가운데로 갈수록 채도는 낮아집니
다. 명도는 가운데 조절 바에서 조절하면 됩니다.

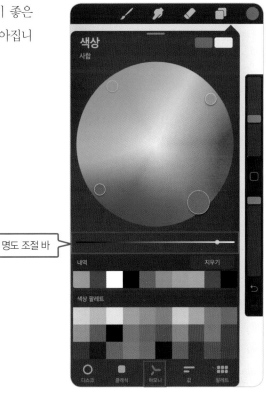

명도 조절 바

4 값 모드

H(색상), S(채도), B(명도)와 R(red)G(green)B(blue) 컬러를 하나씩 조절할 수 있고 우측에 수치를 보여주기 때문에 다른 모드에 비해 훨씬 미세하게 컬러 선택을 할 수 있습니다. 16진 값은 RGB 방식 색상 코드 표기법으로, 색깔 코드 또는 헥스 코드라고 합니다.

#으로 시작하는 6개의 숫자로 이루어져 있는데 디지털 작업을 할 때 정확한 색상을 전달하기 위해 모든 색상에 이런 색깔 코드를 붙였고, 가장 보편적으로 사용되는 표준은 팬톤 컬러가 있습니다. 컬러마다 코드명이 있으므로 원하는 특정 색을 사용하고 싶다면 코드명을 적어 사용하면 됩니다.

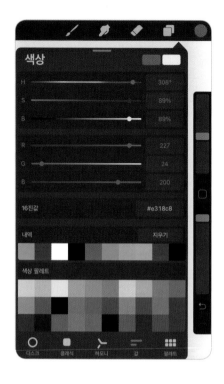

5 팔레트 모드

자주 사용하는 색을 저장해 놓고 사용하기 좋은 모드입니다. 저장할 색을 선택한 후, 팔레트 빈 칸을 애플펜슬로 누르면 색이 저장되고 길게 눌렀다 떼면 삭제 버튼이 생깁니다. 우측 상단에 + 버튼을 누르면 보다 편리하게 색상 팔레트를 만들 수 있는 4개의 메뉴가 나옵니다.

❶ 새로운 팔레트 생성 : 새 팔레트를 만듭니다.

❷ 카메라로 새로운 작업 : 카메라로 사물을 찍으면 화면에 보이는 모든 컬러를 팔레트로 만들어 줍니다.

❸ 파일로 새로운 작업 : 파일 속 컬러를 팔레트로 만들어 줍니다.

❹ 사진 앱으로 새로운 작업 : 사진 속 컬러를 팔레트로 만들어 줍니다.

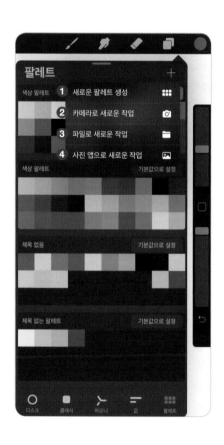

MEMO

PART

02

카툰 드로잉
그리기

유머스럽고 풍자적이며 과장된 형태로 그려지는 카툰은 연령별로 달라지는 형태감, 인종의 특징, 다양한 표정연습 등을 쉽게 공부할 수 있는 아주 좋은 주제입니다. 단순한 형태로 특징을 극대화시키는 카툰 드로잉을 배워 봅시다.

연령별 얼굴 그리기

나이에 따라 얼굴의 비율은 달라집니다. 비율을 제대로 알고 그리면 보다 쉽게 그리고자 하는 나이대를 정확히 표현할 수 있습니다. 기본이 되는 비율을 기억하고, 그것을 토대로 이 틀 안에서 변형을 해서 안정된 얼굴 형태로 그려보겠습니다.

STEP 01   예쁜 선 연습하기

선 연습은 그림을 그리기 전 준비운동입니다. 선 연습은 손을 조금 더 자유롭게 사용할 수 있게 만들어 줍니다. 고수들도 그림을 한동안 쉬었다 다시 그릴 때면 선 연습으로 손을 풉니다. 때문에 선 연습은 단순히 초심자를 위한 연습이 아니므로 처음에만 잠깐 하는 정도로 생각하지 말고, 작품을 그리기 전 준비운동처럼 항상 연습했으면 좋겠습니다.

1 다양한 방향의 선 그리기

01 캔버스를 스크린 크기로 생성한 후, [스케치]-[6B 연필]을 선택합니다.

TIP ★★☆
스케치 연필 브러시 중 원하는
브러시를 선택해도 좋습니다.

02 캔버스 가득 가로 선을 긋습니다. 조금은 삐뚤빼뚤해도 상관없습니다. 필자가 설정한 브러시 크기는 45%입니다.

TIP ☆☆☆

최대한 같은 힘으로, 곧은 직선을 그리려 노력하며 선을 긋습니다. 이때 손목을 사용해 선을 그리면 선이 곡선으로 나오기 쉽습니다. 선을 그을 땐 반드시 팔 전체를 사용해 그립니다.

03 캔버스 가득 세로 선을 긋습니다.

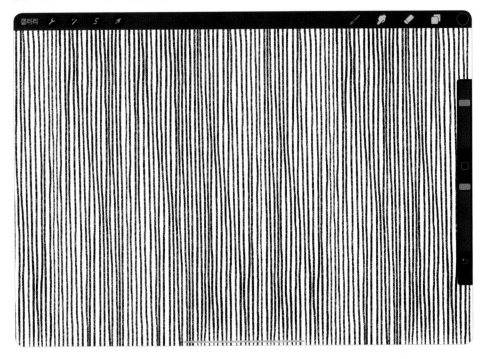

04 캔버스 가득 대각선을 긋습니다. 사진처럼 반을 나눠 다른 방향의 대각선을 그려줍니다.

2 필압 연습하기

01 힘을 줬다가 뺐다가를 반복하며 하나의 선을 그립니다. 선에 강약이 존재하면 그림이 훨씬 풍부하고 재 밌어집니다.

02 이번엔 다양한 모양의 선을 그려봅니다. 어떤 모양의 선이든 상관없습니다. 단, 선의 강약을 표현할 때 불규칙적인 모양으로 그리도록 노력합니다. 선의 변화는 불규칙성에서 나오고 불규칙한 선의 변화는 그

림을 훨씬 풍부하게 만들어 줍니다.

③ 채색할 때 사용하기 좋은 선 연습하기

01 부드러운 선을 그리기 위해 애플펜슬을 펜촉에서 조금 멀리, 중간쯤을 잡습니다. 팔목이 아닌 팔 전체를 이용해서 '양쪽 끝을 날리듯' 선을 그립니다. 첫 번째 선은 좌측에서 우측 방향으로 그었고, 두 번째 선은 우측에서 좌측 방향으로 그었습니다. 이렇게 번갈아가며 다른 방향으로 향하는 선을 그립니다.

TIP ✩✩✩

양쪽 끝을 날리듯 부드럽게 선을 그릴 줄 알아야 스케치 선도 예쁘게 그려지고 나아가 채색할 때도 도움이 됩니다. 사진에서의 브러시 크기는 45% 그대로입니다. 선이 두껍게 그려진 이유는 펜을 약간 눕혀서 그렸기 때문입니다. 펜을 눕혀서도, 세워서도 연습해 봅니다.

02 전 단계에서 했던 선 연습 방법으로 왔다 갔다 하며 최대한 촘촘히 겹치면서 선을 긋습니다. 역시 양쪽
   끝이 부드럽게 표현될 수 있도록 선을 날리듯 면을 표현합니다. 사진에서는 가로 선을 이용해 면을 만들
   었지만, 세로 방향, 대각선 방향을 이용해 면을 더 만들어 봅니다.

STEP 02　　어린이 얼굴 그리는 방법

어린이 얼굴의 특징은 이마는 넓고 눈의 위치는 얼굴의 중심쯤으로 낮게 위치해 있습니다. 코와 턱은 상대적
으로 좁습니다. 어린이 얼굴의 비율 나누는 법을 알아봅시다.

01 원하는 사이즈의 캔버스를 만듭니다(필자는 '스크린 크기'로 만들었습니다). 브러시는 [브러시 라이브러리]에서 [스케치]–[6B 연필]을 선택합니다.

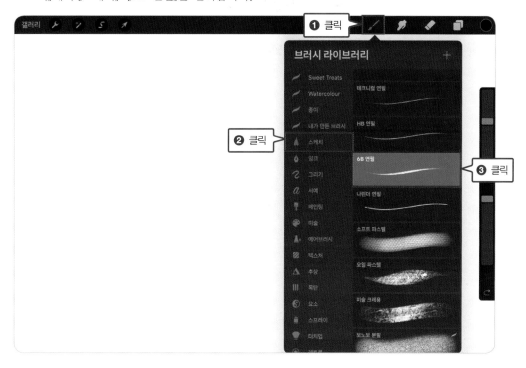

02 원을 그립니다. 동그라미 그리기가 자신 없을 경우 원을 그리고 펜을 화면에서 떼지 않은 채 잠시 꾹 누르고 있으면 자동으로 모양이 만들어집니다(p.50 QuickShape 참조).

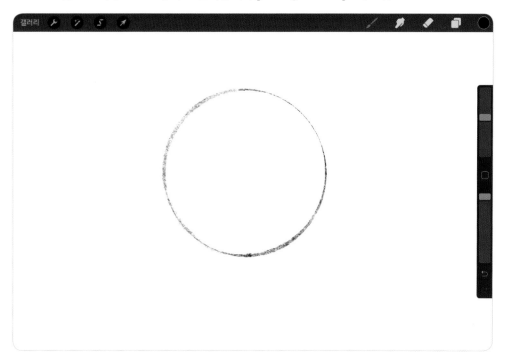

03 양쪽에 길쭉한 원을 그려줍니다.

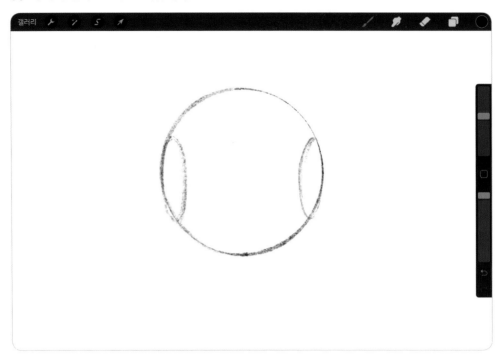

04 양쪽 원의 중심보다 약간 아래 위치에 가로 선을 그려줍니다.

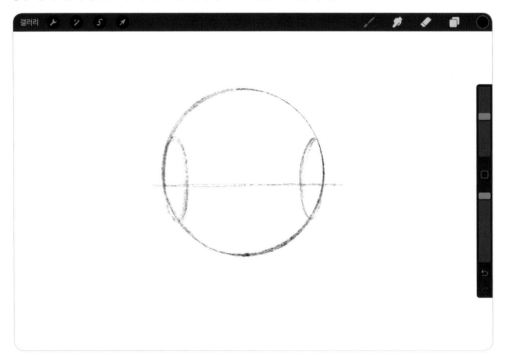

05 양쪽 원의 가장 아래 끝부분 위치에 맞춰 가로 선을 그려줍니다.

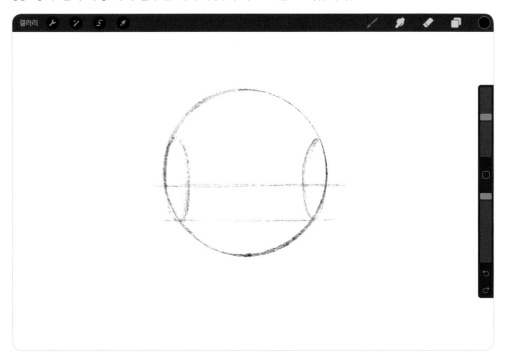

06 Ⓐ의 넓이와 같은 비율로 아래에 가로 선을 그려줍니다.

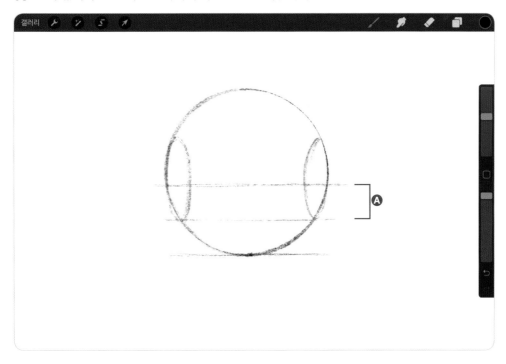

07 세로로 중심선을 그려줍니다.

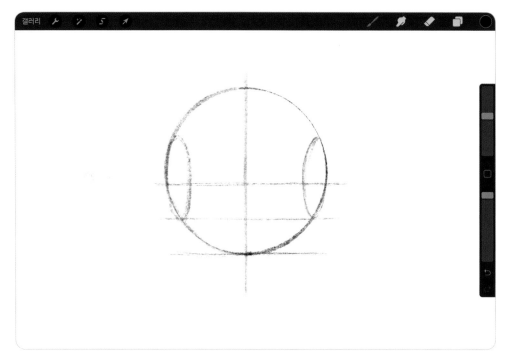

08 양쪽 원을 세로 선으로 나누되, 아래로 내려올수록 약간 좁아지는 형태로 나눠 줍니다.

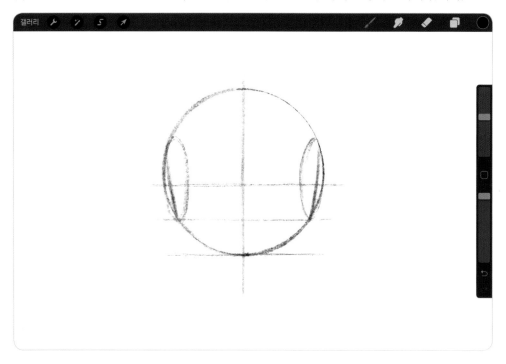

09 [레이어1]의 N 버튼을 눌러 불투명도를 40%로 낮춰 줍니다.

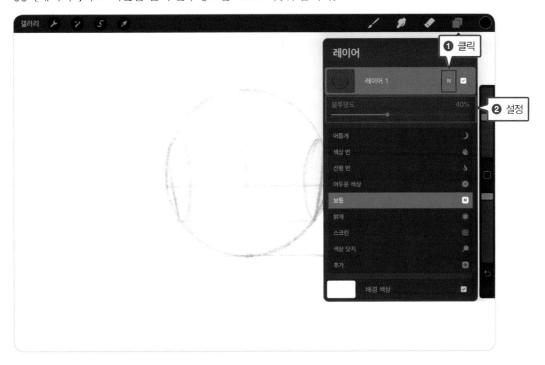

10 브러시는 [브러시 라이브러리]에서 [잉크]-[스튜디오 펜]을 선택합니다.

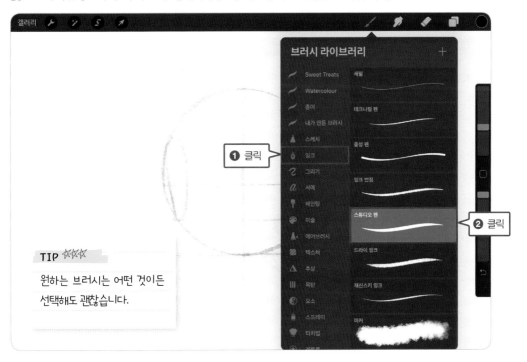

TIP ☆☆☆

원하는 브러시는 어떤 것이든
선택해도 괜찮습니다.

11 [레이어] 탭의 +를 눌러 새 [레이어2]를 만들어 준 후, 기존에 그려놨던 스케치 선에 맞춰 통통한 얼굴 라인을 그려줍니다.

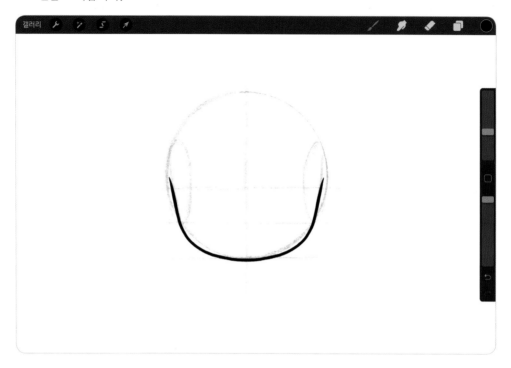

12 Ⓐ의 선에 맞춰 눈을 크고 동그란 모양으로 그려줍니다.

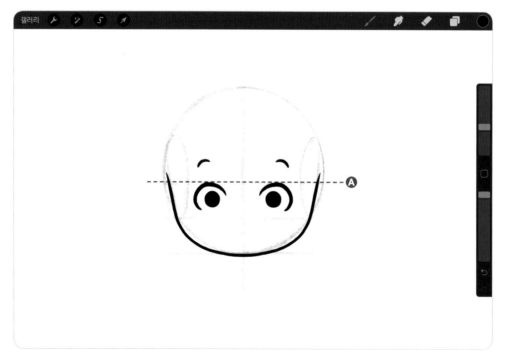

13 **Ⓑ**의 선에 맞춰 코를 작고 낮은 모양으로 그려줍니다.

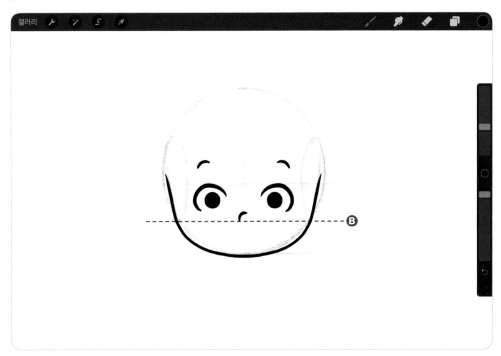

14 코와 턱 사이에 입을 그려줍니다.

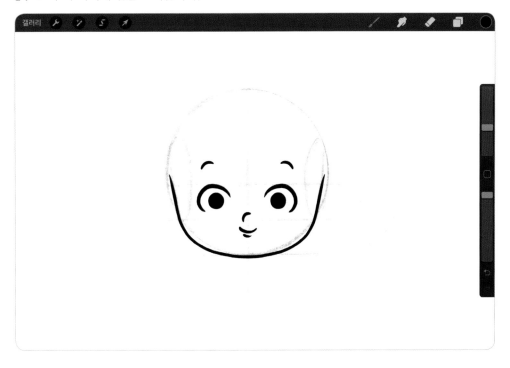

15 귀는 Ⓐ와 Ⓑ 사이에 맞춰 그려줍니다.

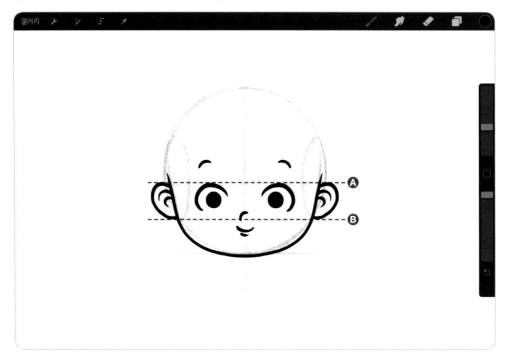

16 앞머리를 그려줍니다.

17 스케치 선보다 조금 더 두껍게 머리카락을 그려줍니다. 두피 위에 머리카락이 있기 때문에 조금 부피 있
    게 그려줘야 자연스럽습니다.

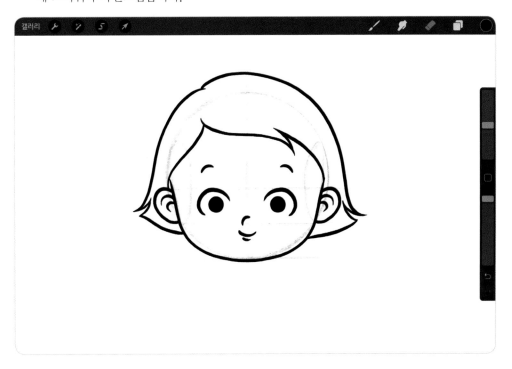

18 어린이 얼굴 스케치가 완성되었습니다. [레이어1]에서 체크 해제하여 [레이어1]을 숨겨줍니다.

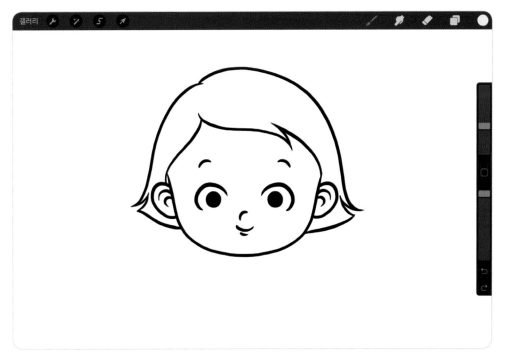

19 조금 더 부드러운 느낌을 주기 위해 그려 놓은 라인 컬러를 바꿔보겠습니다. 레이어 창을 열고 얼굴 라인을 그린 [레이어2]의 N 버튼을 눌러 나타나는 세부 메뉴에서 [알파 채널 잠금]을 클릭합니다.

TIP ✩✩✩

알파 채널 잠금 : 알파 채널 잠금을 활성화하면 칠해진 영역에만 채색이 가능한 기능입니다(p.55 알파 채널 잠금 참조).

20 부드럽고 따뜻한 느낌을 위해 [색상] 탭에서 브라운 컬러를 선택합니다.

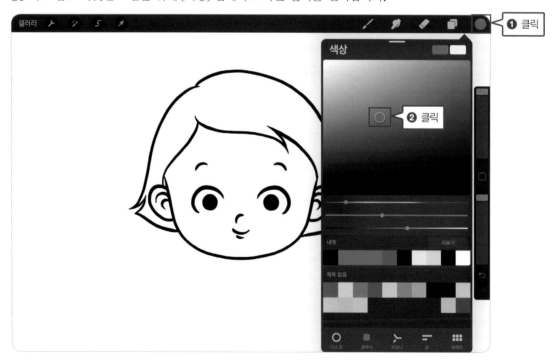

21 [레이어2]를 선택한 후, 그림 위를 브러시로 칠하면 그림과 같이 그려진 선 안에만 칠해집니다.

22 [레이어] 탭의 +를 눌러 새 [레이어3]을 만들어 [레이어2] 아래에 놓습니다.

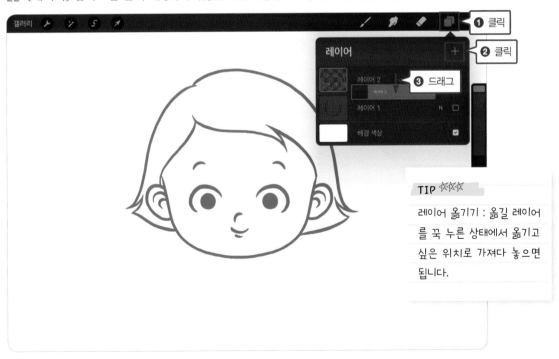

TIP ☆☆☆

레이어 옮기기 : 옮길 레이어
를 꾹 누른 상태에서 옮기고
싶은 위치로 가져다 놓으면
됩니다.

23 [색상] 탭에서 피부 컬러와 머리카락 컬러를 선택해 채색해 줍니다([잉크]–[스튜디오 펜] 사용).

24 다음과 같이 완성되었습니다.

STEP 03   성인 얼굴 그리는 방법

성인 얼굴의 특징은 이마가 좁아지면서 코와 턱은 길어집니다. 눈의 위치는 이마가 좁아지면서 자연스럽게 위쪽으로 올라갑니다. 성인 얼굴의 비율 나누는 법을 알아봅시다.

01 [브러시 라이브러리]에서 [스케치]-[6B 연필]을 선택해 원을 그려줍니다. 펜을 화면에서 떼지 않은 채 잠시 꾹 누르고 있으면 자동으로 모양이 만들어집니다.

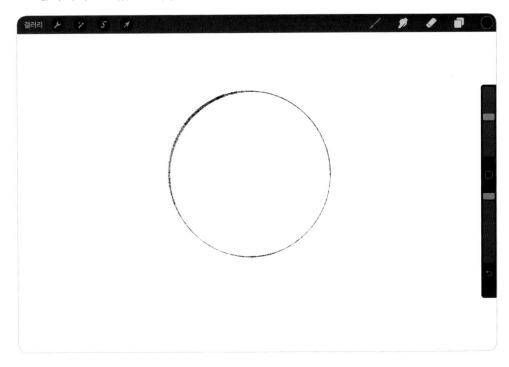

02 양옆에 길죽한 원을 그려줍니다.

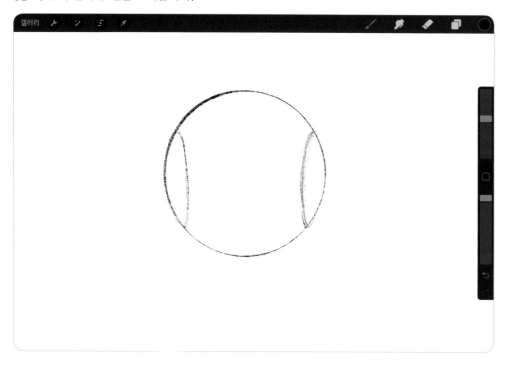

03 양쪽 원의 중심에 맞춰 가로 선을 그려줍니다. 어린이는 이보다 낮게, 성인은 중심에 가로 선을 긋는다는 차이점이 있습니다.

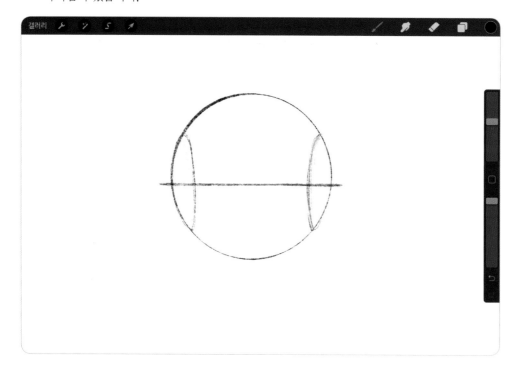

04 양쪽 원의 가장 아래 끝부분 위치에 맞춰 가로 선을 그려줍니다.

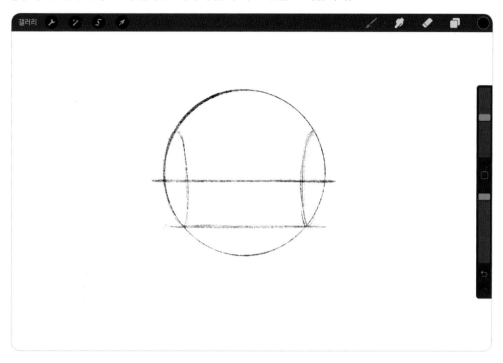

05 Ⓐ의 넓이와 같은 비율로 아래에 가로 선을 그려줍니다.

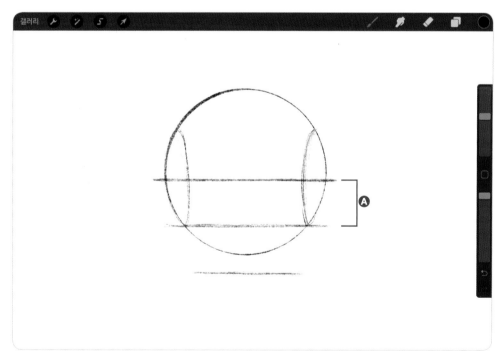

06 세로로 중심선을 그려줍니다.

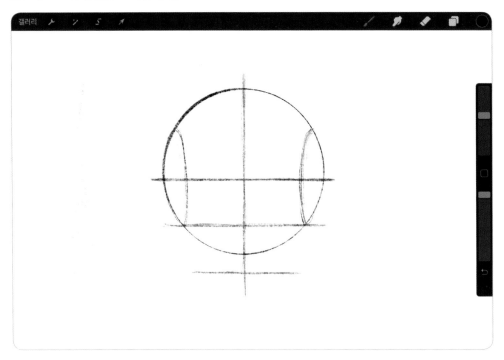

07 양쪽 원을 세로 선으로 나누되, 아래로 내려올수록 약간 좁아지는 형태로 나눠 줍니다.

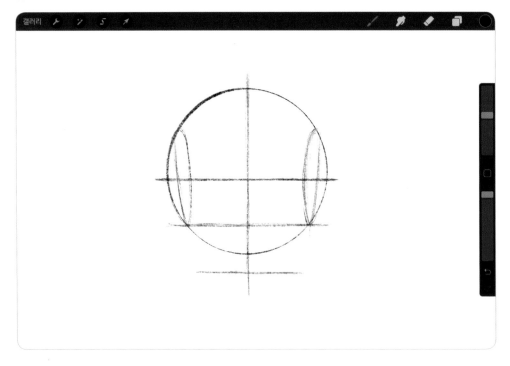

08 [레이어1]의 N 버튼을 눌러 불투명도를 40%로 낮춰 줍니다.

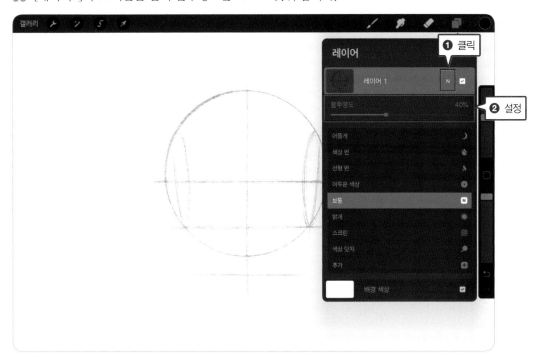

09 [레이어] 탭의 +를 눌러 새 [레이어2]를 만들어 줍니다.

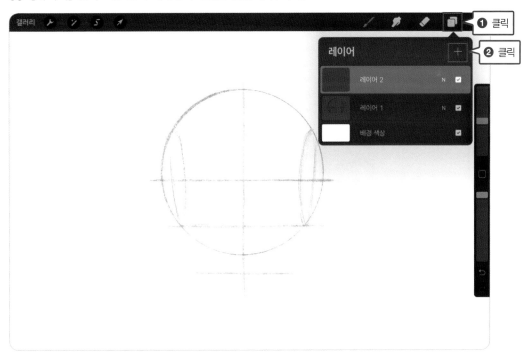

10 기존에 그려놨던 스케치 선에 맞춰 얼굴 라인을 그려줍니다.

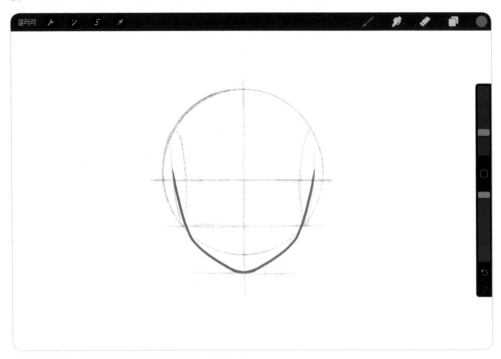

11 Ⓐ의 선에 맞춰 눈을 그려줍니다. 어린이에 비해 상대적으로 눈이 작고 옆으로 깁니다.

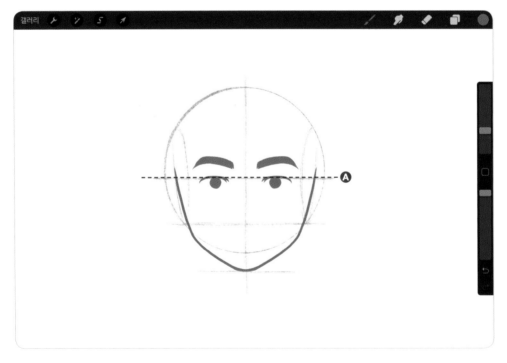

12 **B**의 선에 맞춰 코를 그려줍니다. 어린이에 비해 코가 길고 오똑합니다([잉크]-[스튜디오 펜] 사용).

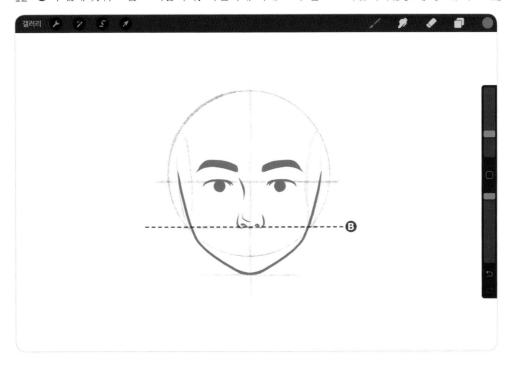

13 코와 턱 사이에 입을 그려줍니다.

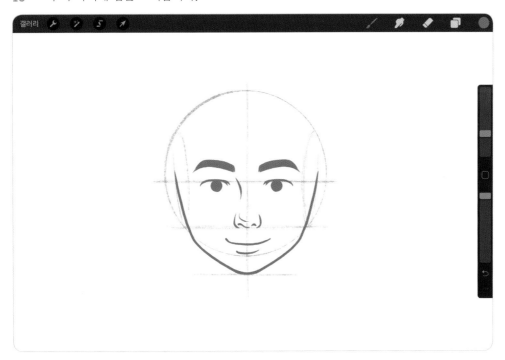

14 Ⓐ와 Ⓑ 사이에 귀를 그려줍니다.

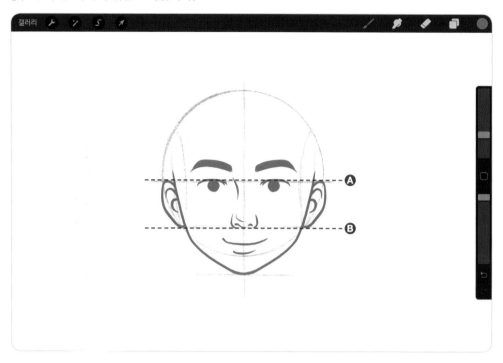

15 중심 부분에 앞머리를 그려줍니다.

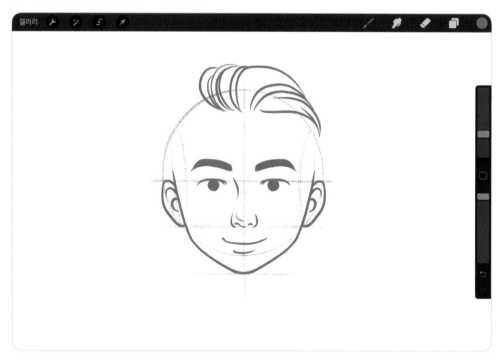

16 양 옆으로 머리카락을 조금 더 보완해 그려 넣습니다. 옆머리와 헤어 라인을 그려줍니다.

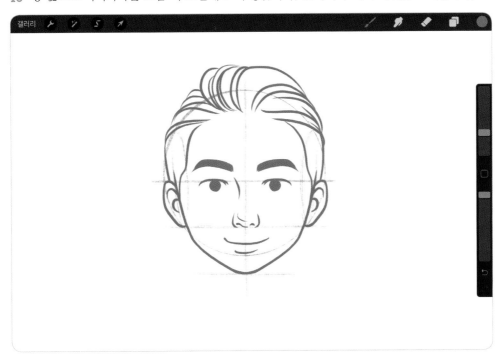

17 성인 얼굴 스케치가 완성되었습니다. [레이어1]에서 체크 해제하여 [레이어1]을 숨겨줍니다.

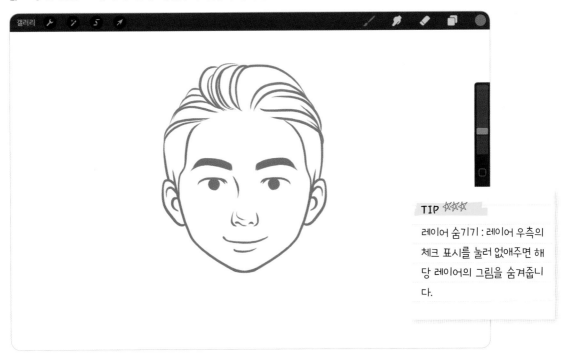

TIP ☆☆☆

레이어 숨기기 : 레이어 우측의 체크 표시를 눌러 없애주면 해당 레이어의 그림을 숨겨줍니다.

18 [레이어] 탭의 +를 눌러 새 [레이어3]을 만들어 [레이어2] 아래에 놓습니다.

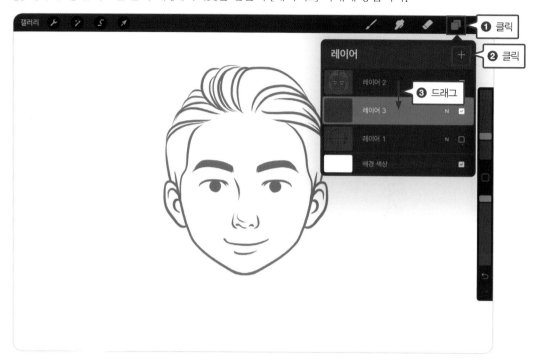

19 [색상] 탭에서 피부 컬러와 옆머리 컬러를 선택해 채색해 줍니다.

20 윗머리 컬러를 선택해 채색해 줍니다. 옆머리 컬러보다 조금 더 밝은 컬러를 선택해 포인트를 줍니다.

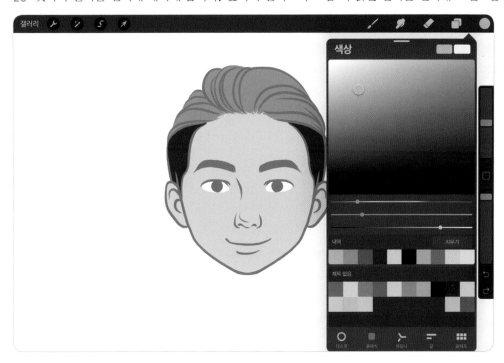

21 다음과 같이 완성되었습니다.

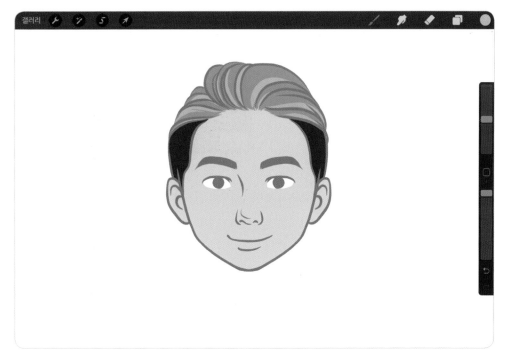

노인 얼굴의 비율은 성인과 같습니다. 차이점은 많아진 주름입니다. 중력으로 인해 아래로 처지듯 주름져 있습니다. 주름이 생기는 위치를 잘 살펴보며 그려봅시다.

01 성인 얼굴과 같은 비율로 그려주고, [레이어] 탭의 +를 눌러 새 [레이어2]를 만들어 줍니다.

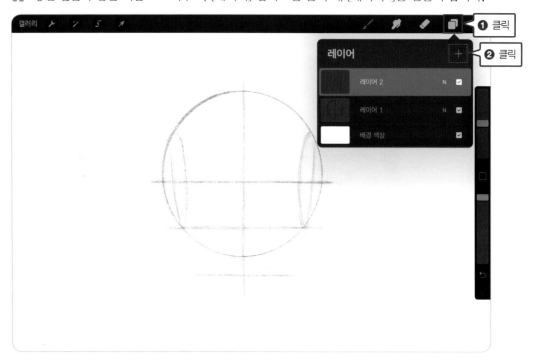

02 새로 만든 [레이어2]에 [잉크]-[스튜디오 펜]으로 얼굴 라인을 그려줍니다. 양 옆의 볼이 아래로 흐르는 듯한 형태와 앞턱의 모양을 잘 살펴서 그려줍니다.

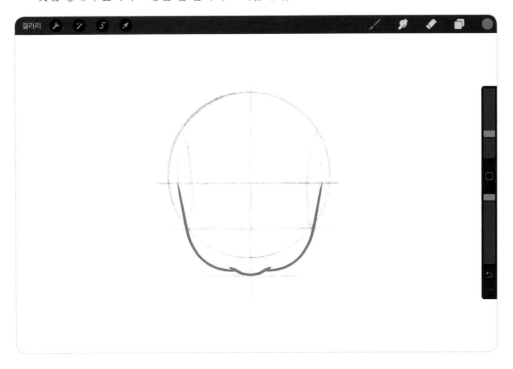

03 Ⓐ의 선에 맞춰 눈과 주름을 그려주되, 눈두덩이를 아래로 처지게 그려줍니다.

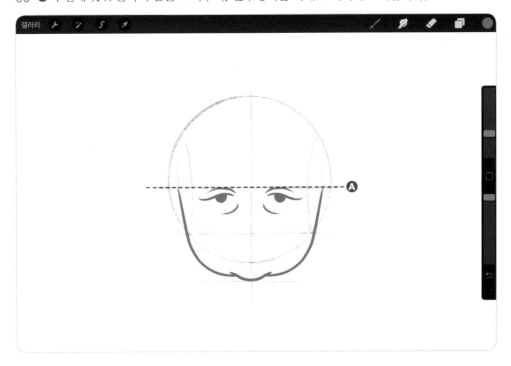

04 **B**의 선에 맞춰 코를 살짝 통통하게 그려줍니다. 코와 턱 사이에 입을 그려주고, 팔자주름도 깊게 그려줍니다.

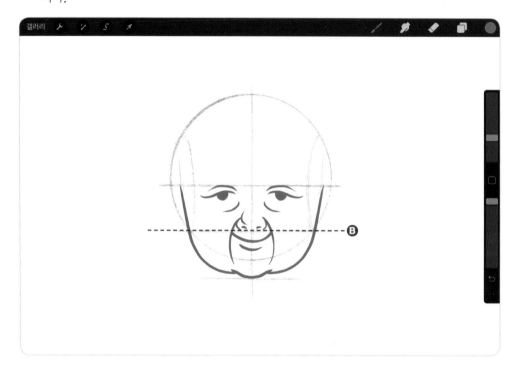

05 눈과 코 사이에 귀를 그려줍니다. 귓볼은 살짝 늘어지게 그려줍니다. 뽀글뽀글 앞머리를 그려준 후, 나머지 머리카락을 풍성하게 그려줍니다.

06 노인 얼굴 스케치가 완성되었습니다. [레이어1]에서 체크 해제하여 [레이어1]을 숨겨줍니다.

07 [레이어] 탭의 +를 눌러 새 [레이어3]을 만들어 [레이어2] 아래에 놓습니다.

08 [색상] 탭에서 피부 컬러와 머리카락 컬러를 선택해 채색해 줍니다.

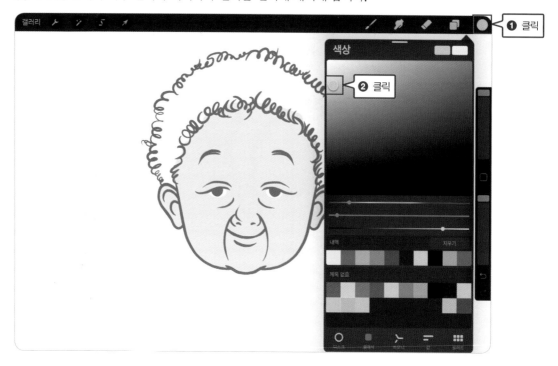

09 [레이어2]의 N 버튼을 눌러 나타나는 세부 메뉴에서 [알파 채널 잠금]을 클릭해 활성화해 줍니다.

10 눈썹을 머리카락과 같은 컬러로 채색한 후, 완성합니다.

다양한 인종의 얼굴 그리기

사람의 생김새는 다르지만, 인종별로 생김새의 특징이 있습니다. 특징을 제대로 알고 그린다면 훨씬 다양한 얼굴을 표현할 수 있습니다. 각 인종의 특징을 배워보고, 그것을 토대로 다양한 방향으로 얼굴을 그려보겠습니다.

STEP 01   황인 얼굴 그리는 방법

황인은 노란 피부, 쌍꺼풀이 없는 작은 눈과 낮고 작은 코, 작은 입, 납작한 이마와 튀어나온 광대뼈, 그리고 갸름한 턱이 특징입니다. 특히 황인은 가늘고 긴 눈이 매력적입니다. 반측면의 얼굴 비율을 통해 황인의 특징을 살려 그려봅시다.

01 새 레이어를 만들고 QuickShape 기능을 이용해 [브러시 라이브러리]에서 [스케치]−[6B 연필] 브러시로 원을 그려 줍니다. QuickShape 기능 없이 그려도 좋습니다.

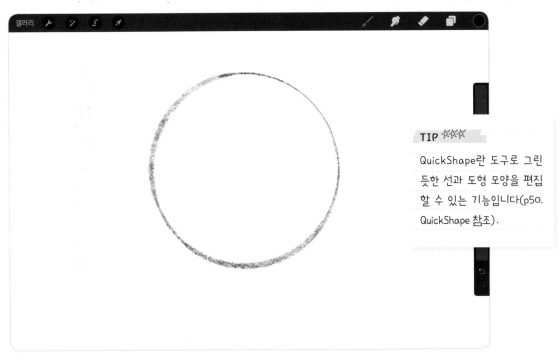

TIP ☆☆☆

QuickShape란 도구로 그린 듯한 선과 도형 모양을 편집할 수 있는 기능입니다(p50. QuickShape 참조).

02 반측면의 얼굴을 그릴 겁니다. 원의 오른쪽 끝 라인에 맞춰 작은 원을 그려줍니다.

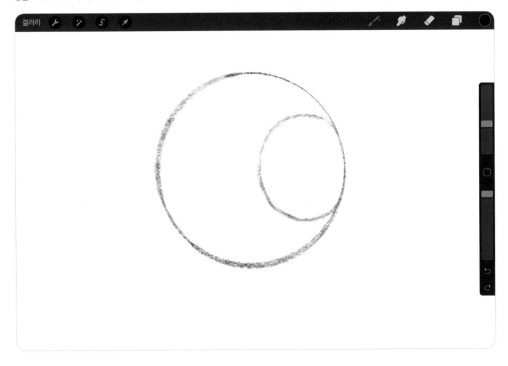

03 포물선으로 원 중심에 맞춰 가로 선을 그려줍니다.

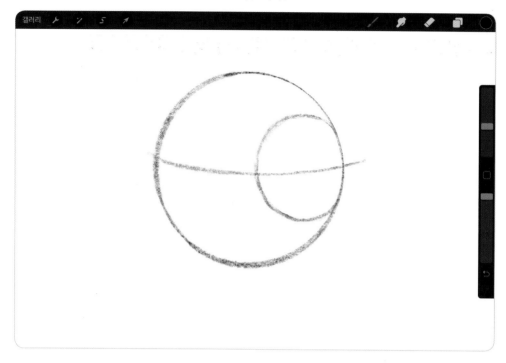

04 작은 원 중심에 세로 선을 그려줍니다.

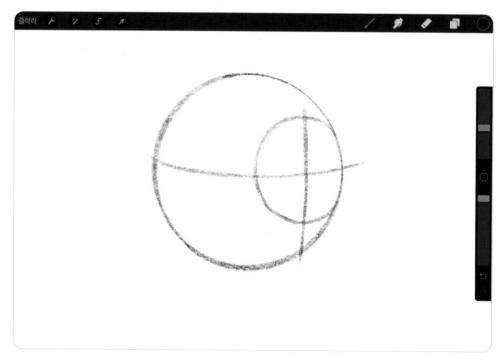

05 좌측의 가로 선과 원이 겹치는 지점에서 아래 방향으로 선을 그려줍니다. 기울기를 잘 확인해 가며 아래로 갈수록 좁아지는 형태로 그려야 합니다.

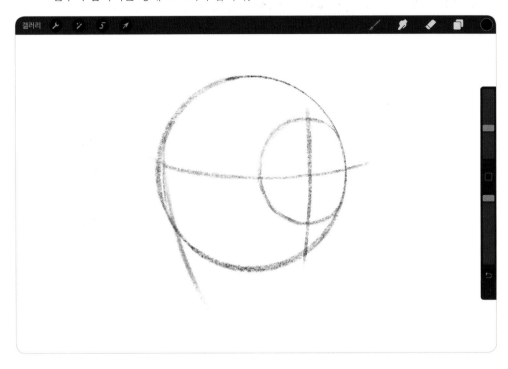

06 작은 원의 하단에서 하악골(아래턱)을 그려서 앞턱과 연결해 줍니다.

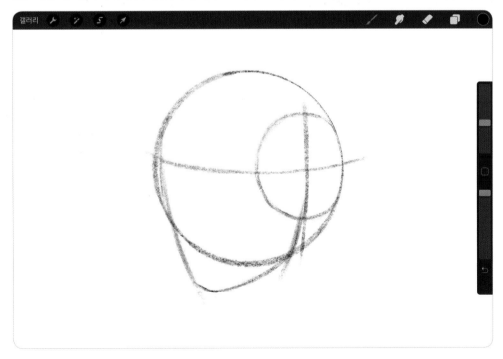

07 선의 곡선을 잘 관찰하며 앞턱을 지나는 세로 선을 그려줍니다.

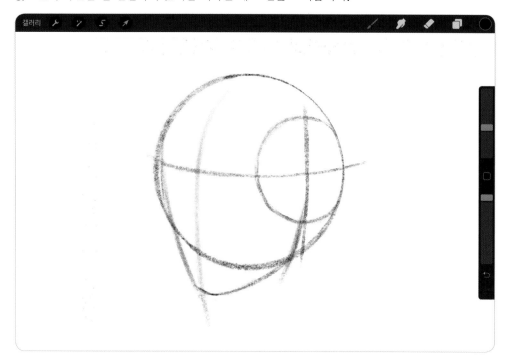

08 스케치 [레이어1]의 N 버튼을 눌러 불투명도를 40%로 낮춰 줍니다.

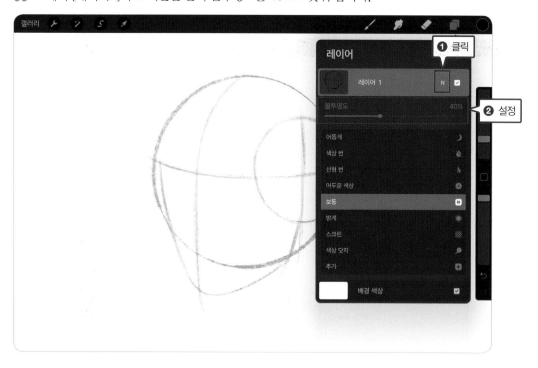

09 [레이어] 탭의 +를 눌러 새 [레이어2]를 만들어 줍니다. 여기엔 조금 더 세밀한 스케치를 할 겁니다.

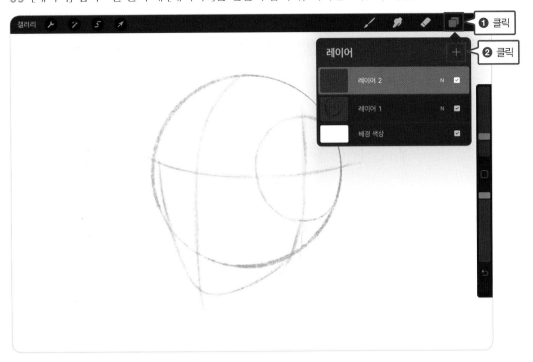

10 그려 놓은 두상 스케치 형태에 맞춰 얼굴 라인을 그려줍니다. 황인의 특징인 납작한 이마와 살짝 튀어나 온 광대, 그리고 갸름한 턱을 머릿속으로 떠올리며 그립니다.

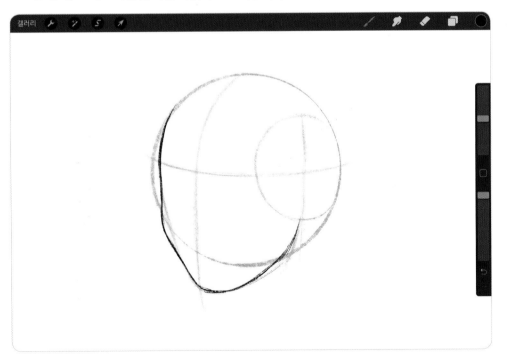

11 가로 선 라인에 맞춰 눈썹과 길고 작은 눈을 그려줍니다. 세로 선 라인에 맞춰 작고 낮은 코를 그려준 후, 작고 앙증맞은 입을 그려줍니다. 작은 원의 중심과 하단에 맞춰 귀를 그려줍니다.

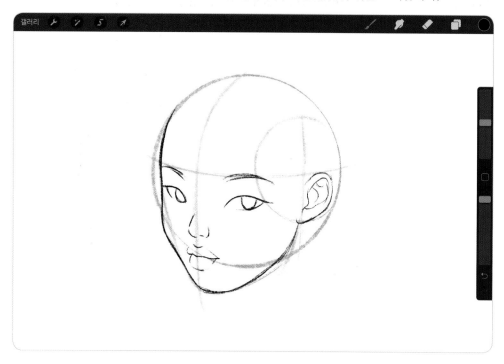

12 헤어 라인을 그려줍니다.

13 뒷머리카락을 그려준 후, 얼굴 아래로 목을 그려줍니다.

14 두상 스케치를 그린 [레이어1]에서 체크 해제하여 [레이어1]을 숨겨줍니다. 스케치 [레이어2]의 N 버튼을 눌러 불투명도를 20%로 낮춰 줍니다.

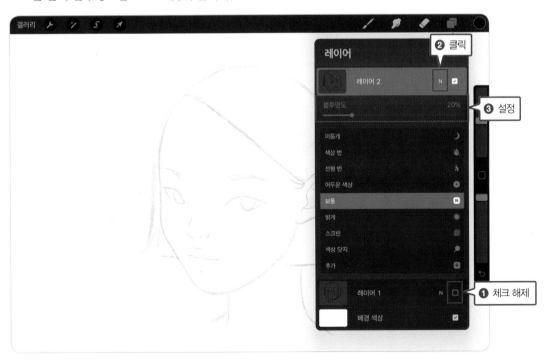

15 새 [레이어3]을 만들어 줍니다. [레이어3]에는 얼굴 라인을 그릴 겁니다. 브러시는 [브러시 라이브러리]에서 [잉크]−[스튜디오 펜]을 선택합니다.

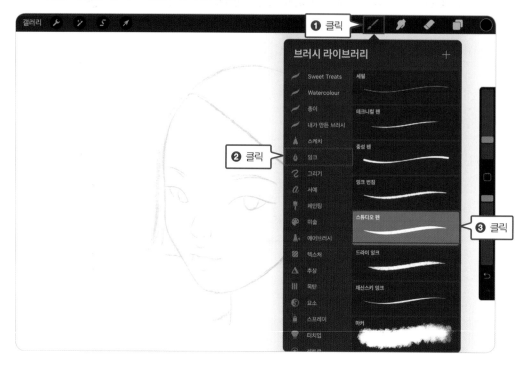

16 황토색 컬러로 얼굴 라인을 그려줍니다. 검은색으로 머리카락과 눈, 눈썹을 그려줍니다.

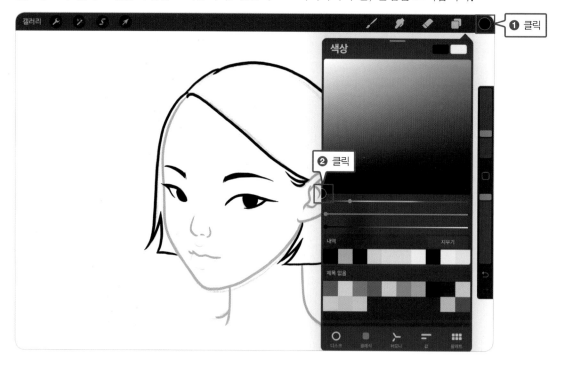

17 [레이어] 탭의 +를 눌러 새 [레이어4]를 만들어 스케치를 그린 [레이어2] 아래로 옮겨줍니다.

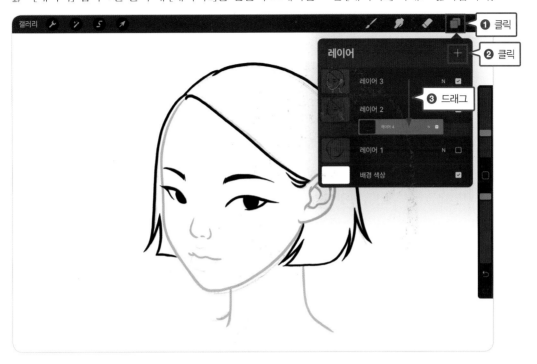

18 황인의 피부색은 약간 노르스름한 편입니다. 얼굴 라인 컬러보다 조금 더 밝은 컬러로 얼굴을 채색하고, 머리카락은 검은색으로 채색해 줍니다.

19 윗입술을 칠해준 후, 윗입술보다 조금 더 밝은 컬러로 아랫입술을 칠해줍니다.

20 입술을 칠하고 나니 입술 가운데 선이 너무 밝은 듯해 조금 어둡게 바꿔 줘야 할 것 같습니다. 라인 스케치를 한 [레이어3]을 선택합니다.

21 입술 라인을 그리기 위해 [선택 영역 툴]–[올가미]를 클릭한 후, 입술 영역을 드래그합니다.

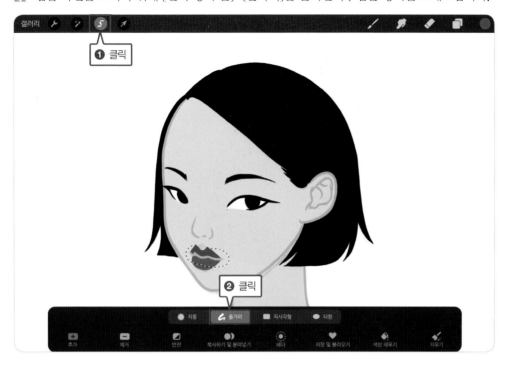

22 [조정 툴]–[색조, 채도, 밝기]에서 '레이어'를 선택합니다.

23 하단의 밝기만 어둡게 조절해 줍니다. 슬라이더로 이리저리 움직여가며 원하는 톤으로 맞춥니다.

24 스케치를 한 [레이어2]는 삭제해 줍니다. [레이어2] 탭을 눌러준 후, [레이어2]를 왼쪽으로 밀어서 나온 '삭제'를 클릭합니다(또는 레이어 숨김을 해도 좋습니다).

25 채색을 한 [레이어4]를 눌러 나타나는 세부 메뉴에서 [알파 채널 잠금]을 클릭해 활성화해 줍니다.

26 머리카락 컬러보다 조금 더 밝은 컬러로 머릿결을 살짝 표현해 줍니다.

27 [브러시 라이브러리]에서 [에어브러시]–[미디움 브러시]를 선택합니다. 피부 컬러보다 살짝 짙지만, 얼굴
라인 컬러보단 밝은 컬러로 얼굴의 음영을 표현해 줍니다.

28 발그레한 볼도 은은하게 표현해 줍니다. [잉크]–[스튜디오 펜]으로 잔 머리카락과 속눈썹을 그려주면 완
성됩니다.

흑인은 갈색 피부, 움푹 들어간 쌍꺼풀이 있는 큰 눈, 낮고 넓은 코, 크고 두꺼운 입술, 곱슬머리가 특징입니다. 특히 흑인은 두꺼운 입술과 곱슬머리가 정말 매력적입니다. 반측면의 얼굴 비율을 통해 흑인의 특징을 살려 그려봅시다. 얼굴의 특징만 다를 뿐, 그리는 과정은 황인과 같습니다.

01 새 레이어를 만들고 두상 스케치에 맞춰 동그란 이마와 각진 턱의 특징을 상상하면서 얼굴 라인을 그려줍니다(황인 얼굴 그림 1~9단계 비율 참조). [브러시 라이브러리]에서 [스케치]-[6B 연필]을 사용합니다.

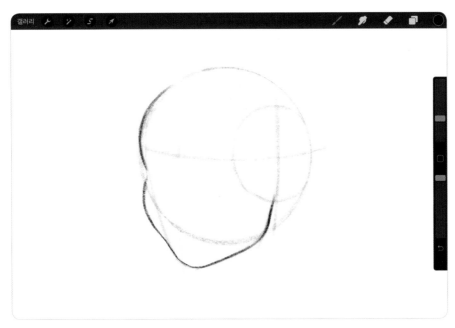

02 가로 선에 맞춰 짙은 눈썹과 큰 눈을 그려줍니다.

03 두상 스케치의 세로 선에 맞춰 넓고 낮은 코를 그려줍니다.

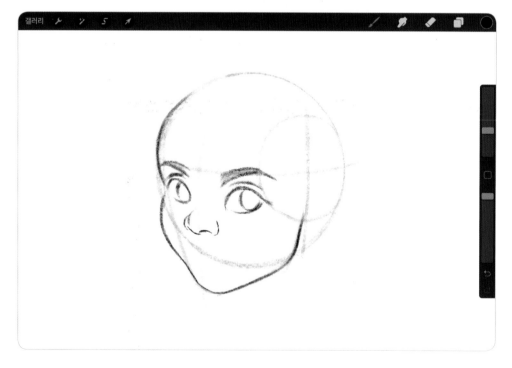

04 두꺼운 입술을 그려준 후, 작은 원의 중심과 하단 끝 위치에 맞춰 귀를 그려줍니다.

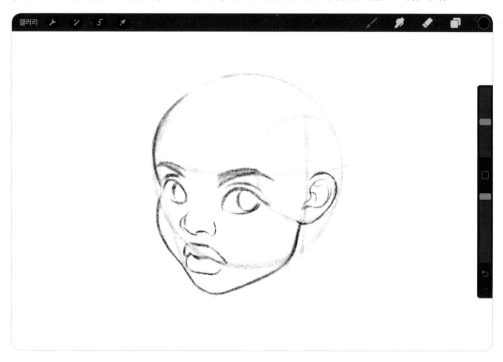

05 흑인은 이마와 뒤통수가 굉장히 볼록한 편입니다. 볼록한 형태를 생각하며 머리카락을 그려줍니다.

06 귀여운 양갈래머리를 그려준 후, 얼굴 아래로 목을 그려줍니다.

07 두상 비율을 그린 [레이어1]의 체크박스를 해제하여 숨겨주고, 스케치를 그린 [레이어2]의 N 버튼을 눌러 불투명도를 10%로 낮춰 줍니다.

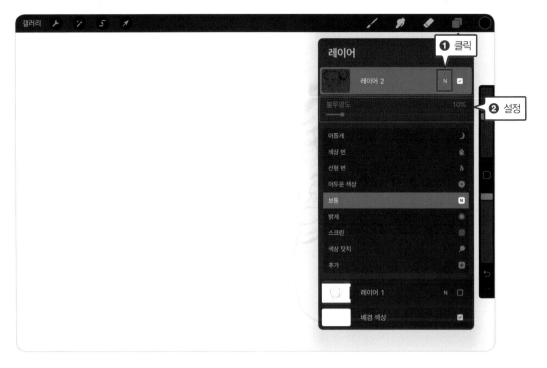

08 새 [레이어3]을 만들고, [색상] 탭에서 고동색을 선택해 얼굴 라인을 그려줍니다.

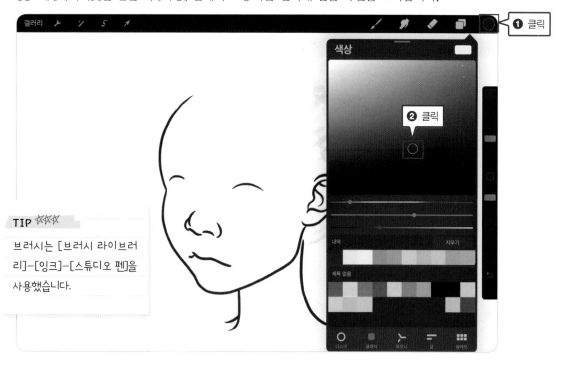

TIP ☆☆☆

브러시는 [브러시 라이브러
리]-[잉크]-[스튜디오 펜]을
사용했습니다.

09 검은색으로 눈썹과 눈을 그려줍니다.

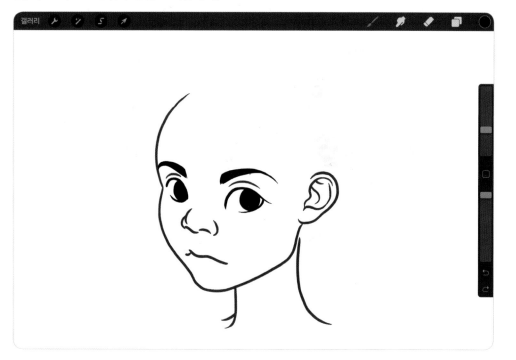

10 머리카락을 그리기 위해 [브러시 라이브러리]에서 [잉크]−[드라이 잉크] 브러시를 선택합니다. 다음과 같은 순서로 스프링 모양의 곡선을 사용해 머리카락을 그려줍니다.

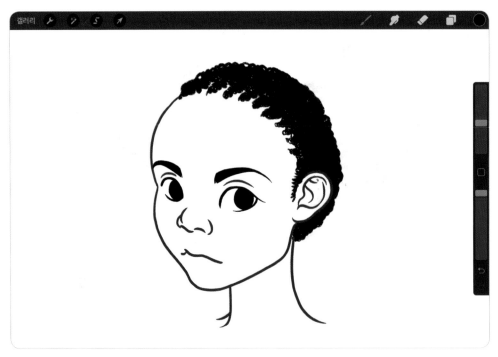

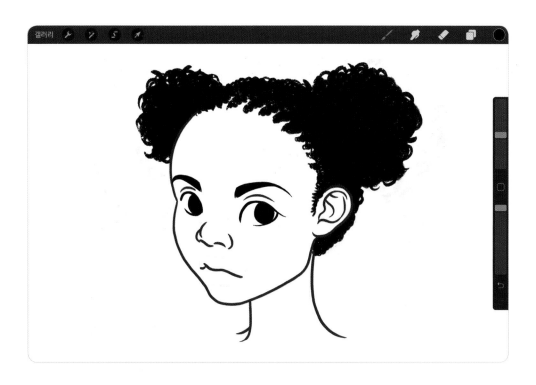

11 피부를 채색하기 위해 [레이어] 탭의 +를 눌러 새 [레이어4]를 만들어 스케치 [레이어2] 아래로 옮겨줍니다.

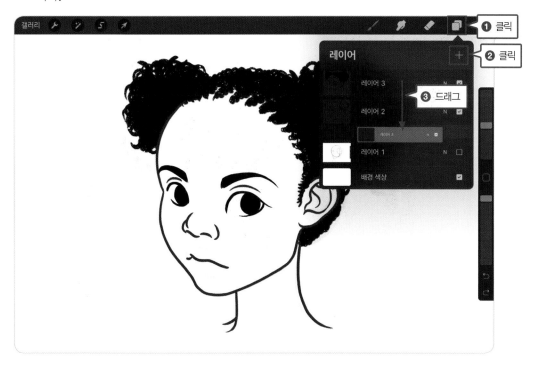

12 피부 라인 컬러보다 밝은 컬러로 피부를 채색해 줍니다.

13 입술을 채색해 줍니다.

14 [레이어2] 탭을 눌러준 후, [레이어2]를 왼쪽으로 밀어주고 '삭제'를 클릭해 스케치 [레이어2]를 삭제해 줍니다(또는 레이어 숨김을 해도 좋습니다).

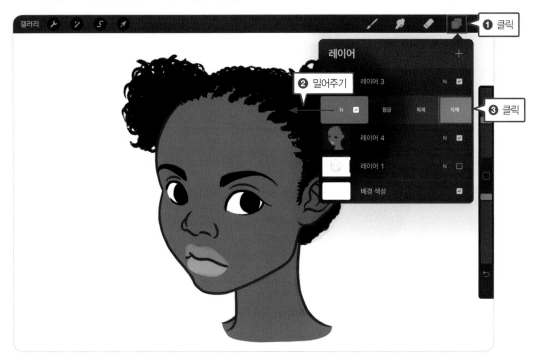

15 채색을 한 [레이어4]를 눌러 나타나는 세부 메뉴에서 [알파 채널 잠금]을 클릭해 활성화해 줍니다.

16 얼굴의 음영과 발그레한 볼을 표현해 줍니다.

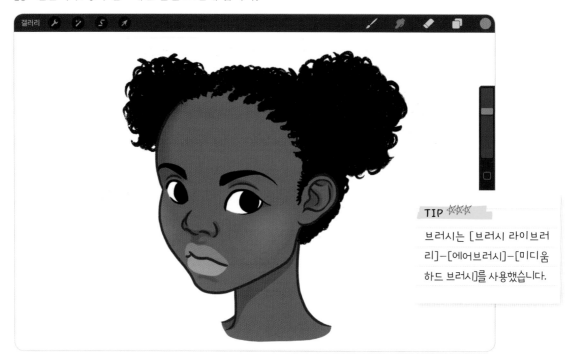

TIP ☆☆☆

브러시는 [브러시 라이브러
리]−[에어브러시]−[미디움
하드 브러시]를 사용했습니다.

17 피부 컬러보다 밝은 톤으로 얼굴의 하이라이트를 표현해 주고([에어브러시]−[미디움 하드 브러시]), 속
눈썹을 그려주면([잉크]−[스튜디오 펜]) 완성됩니다.

백인은 밝고 붉은 피부, 밝은 머리카락, 움푹 들어간 쌍꺼풀이 있는 큰 눈과 다양한 눈동자 컬러, 높고 큰 코와 얇고 큰 입, 그리고 발달된 턱이 특징입니다. 특히 백인은 시원한 이목구비와 다양한 눈동자 컬러가 매력적입니다. 반측면의 얼굴 비율을 통해 백인의 특징을 살려 그려봅시다.

01 새 레이어를 만들고, 두상 스케치에 맞춰 얼굴을 그려줍니다. 각진 턱이 포인트입니다(황인 얼굴 그림 1~9단계 비율 참조).

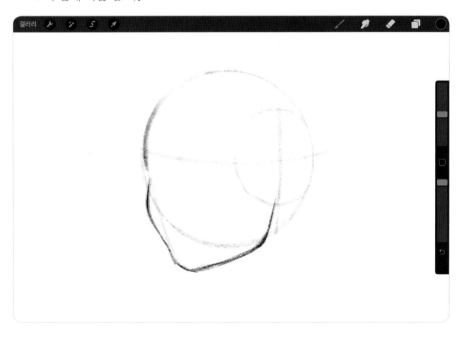

02 가로 선에 맞춰 큰 눈과 눈썹을 그려줍니다. 콧대를 살려 높은 코를 그려주고, 크고 얇은 입술을 그려줍니다. 작은 원의 중심과 하단에 맞춰 귀를 그려줍니다.

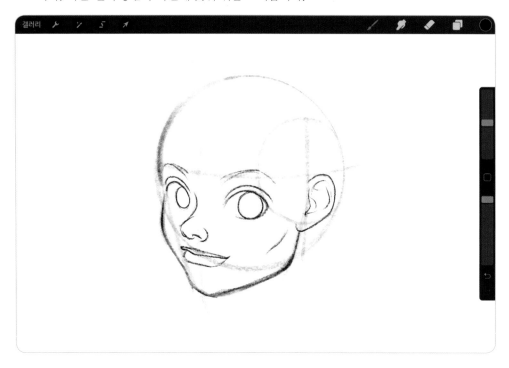

03 볼륨감 있는 머리카락을 앞부분부터 그려줍니다.

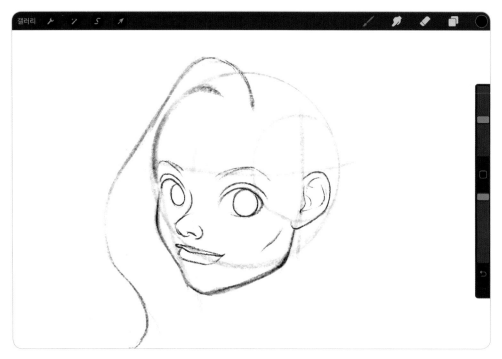

04 뒷머리를 그려준 후, 얼굴 아래로 목을 그려줍니다.

05 스케치를 그린 [레이어2]의 N 버튼을 눌러 불투명도를 20%로 낮춰 준 후, 얼굴 라인을 그릴 [레이어3]을
   새로 만들어 줍니다.

06 붉은 빛이 나는 피부 컬러를 선택하고, [잉크]-[스튜디오 펜]으로 얼굴 라인을 그려줍니다.

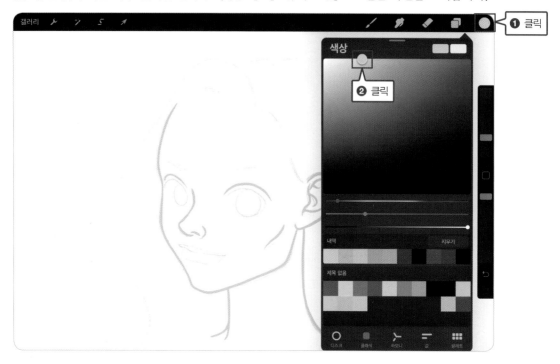

07 푸른 눈을 그려준 후, 검은색으로 눈과 입을 그려줍니다.

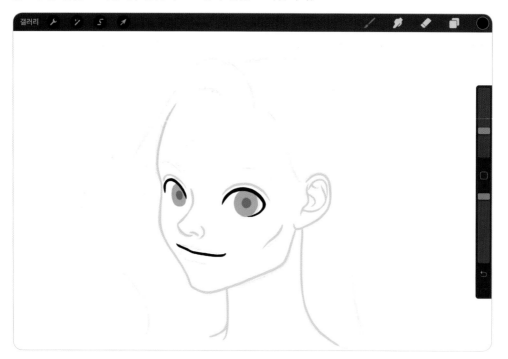

08 골드빛 컬러로 머리카락 라인을 그려줍니다.

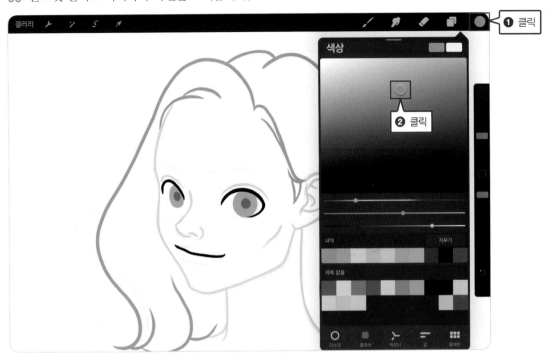

09 [레이어] 탭의 +를 눌러 새 [레이어4]를 만든 후, 스케치 [레이어2] 아래로 옮겨줍니다.

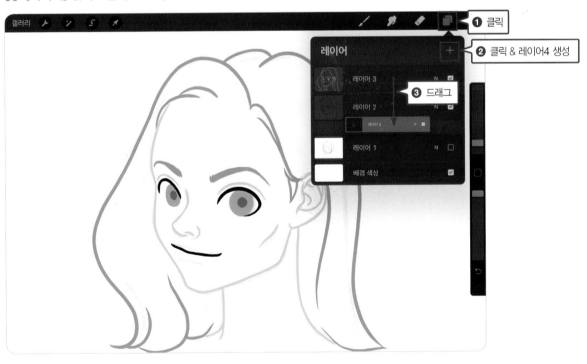

10 얼굴 라인 컬러보다 밝은 컬러로 피부를 채색해 줍니다.

11 헤어 라인 컬러보다 밝은 컬러로 머리카락을 채색해 줍니다.

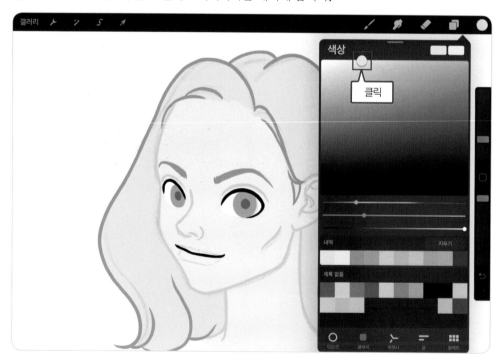

12 [레이어2] 탭을 눌러준 후, [레이어2]를 왼쪽으로 밀어주고 '삭제'를 클릭해 스케치 [레이어2]를 삭제해 줍니다(또는 레이어 숨김을 해도 좋습니다).

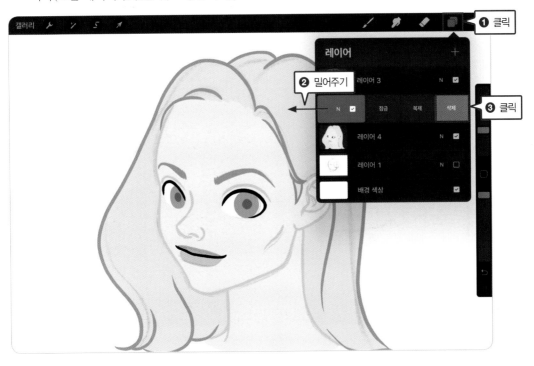

13 채색 [레이어4]를 눌러 나타나는 세부 메뉴에서 [알파 채널 잠금]을 클릭해 활성화해 줍니다.

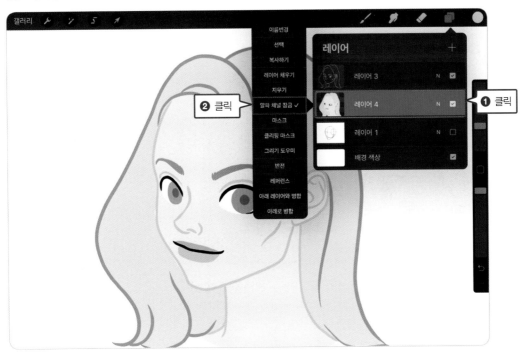

14 [브러시 라이브러리]에서 [잉크]-[스튜디오 펜]으로 머리카락 음영을 표현해 줍니다.

TIP ⭐⭐⭐

얼굴 라인과 머리카락 라인 컬러가 밝은 듯해 라인을 그린 [레이어3]을 선택하고 조정의 '색조, 채도, 밝기'에서 레이어를 선택해서 밝기만 3% 낮춰 살짝 어둡게 조정했습니다.

15 얼굴 음영을 [에어브러시]-[미디움 하드 브러시]로 표현해 줍니다. [레이어3]을 선택해 [잉크]-[스튜디오 펜]으로 속눈썹을 그려줍니다.

16 입술 라인이 진한 듯 보여 [레이어3]을 선택해 살짝 밝게 조정해 보겠습니다. [선택 영역 툴]–[올가미]로
    입술 라인을 선택한 후, [조정 툴]–[색조, 채도, 밝기]에서 레이어를 선택합니다. 그리고 하단의 밝기 슬
    라이더를 이용해 밝게 조정해 줍니다.

17 다음과 같이 완성되었습니다.

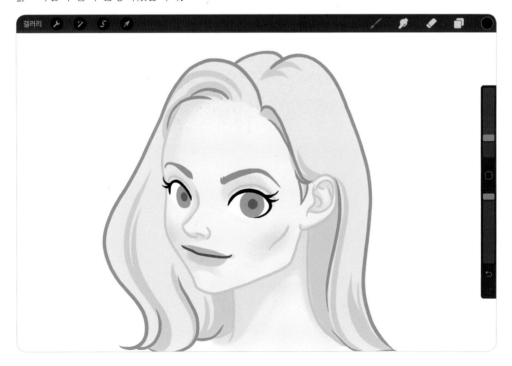

CHAPTER 03

표정 그리기

사람은 기쁨, 슬픔, 두려움 등 다양한 감정을 느끼며, 그 감정을 표정으로 드러냅니다. 혹시 하나의 표정으로만 사람을 그리진 않나요? 표정을 표현하는 방법을 알면, 보다 풍부하고 재 밌는 그림을 그릴 수 있습니다. 단, 조금 더 과장되게 표현해야 훨씬 실감납니다. 이전 내용 에서 다룬 얼굴의 비율을 잘 생각해 보면서 다양한 표정을 그려보겠습니다.

STEP 01　다양한 웃는 얼굴 그리기

웃는 얼굴을 머릿속으로 떠올려 보거나 거울을 보며 웃는 표정을 지어보면서 눈과 입, 얼굴의 근육 모양이 어 떻게 변하는지 생각해 봅시다. 눈은 반달 모양, 입꼬리가 올라가면서 광대의 근육은 빵빵해집니다. 이목구비 의 흐름과 눈, 코, 입 모양의 특징을 잘 살펴보고 다양한 웃는 표정을 따라 그려봅시다. 사용하기 편한 스케치 브러시를 이용하면 됩니다. 참고로 필자는 [잉크]-[잉크 번짐]을 사용했습니다.

다양한 놀란 얼굴 그리기

사람이 놀라면 눈과 입이 동그랗게 커집니다. 눈을 크게 뜨면서 자연스럽게 눈썹도 위로 잔뜩 올라가고 입을
크게 벌리면서 근육이 위아래로 잔뜩 늘어난 형태가 됩니다. 다양한 놀란 표정을 따라 그려봅시다.

슬픈 표정은 웃는 표정의 근육 방향과 반대입니다. 눈과 입은 아래 방향으로 처진 형태입니다. 슬픔의 강도에 따라 인상을 찡그릴 수도, 입을 크게 벌릴 수도 있습니다. 슬픈 상황을 생각해 보며 다양한 슬픈 표정을 따라 그려봅시다.

STEP 04   다양한 화난 얼굴 그리기

화난 표정은 슬픈 표정처럼 입매가 아래로 처집니다. 때론 놀란 표정처럼 입을 크게 벌리기도 합니다. 하지만 눈 근육은 잔뜩 위로 당겨진 형태로 보입니다. 인상을 찌푸리면서 자연스럽게 눈썹이 치켜 올라가고 눈매도 매섭게 위로 당겨집니다. 눈에 살짝 힘만 줘도 화난 느낌은 충분히 표현됩니다. 다양한 강도의 화난 표정을 따라 그려봅시다.

다양한 표정의 얼굴을 그려보았다면 이전에 배운 연령별 그림과 인종별 그림을 적용해 표현해 봅시다. 다만, 특징만 기억해 두고 꼭 응용하길 바랍니다. 그림은 갇히면 안 됩니다. 기본 틀은 기억하되, 그 안에서 다양한 시도를 해보길 권합니다. 표현할 줄 아는 형태들이 많아지면 작업이 훨씬 풍부해지고 볼거리들이 많아져 재밌어집니다.

CHAPTER 04

반실사화 그리기

반실사화란 2D 캐릭터와 3D 실사화의 중간쯤의 형태와 입체감을 표현한 그림을 말합니다. 캐리커처도 여기에 포함됩니다. 실제 사람보다 조금 더 과장해서 만화스럽게 그리는 그림이기 때문에 얼굴의 구조만 잘 알고 있다면 충분히 상상만으로도 그릴 수 있는 그림입니다. 천천히 순서대로 따라 그려보겠습니다.

STEP 01 　명도 단계 연습하기

많은 분들이 채색을 어려워하는 이유가 뭘까요? 컬러 사진은 채도뿐만 아니라 명도까지 신경 쓰며 채색을 해야 하기 때문입니다(명도 : 색의 밝고 어두운 정도, 채도 : 색의 선명도). 어둠에서 밝음의 단계를 최대한 세밀하게 나눠 표현하는 연습을 함으로써 풍부한 톤을 구현할 수 있습니다. 명도는 색상 툴에서 어느 쪽을 신경쓰며 선택해야 하는지 알아보고, 미세한 톤 변화를 느끼며 단계를 표현해 봅시다.

01　사각형(2048*2048px)을 선택해 캔버스를 만듭니다.

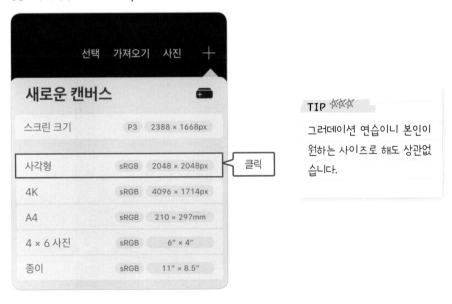

TIP ☆☆☆

그러데이션 연습이니 본인이 원하는 사이즈로 해도 상관없습니다.

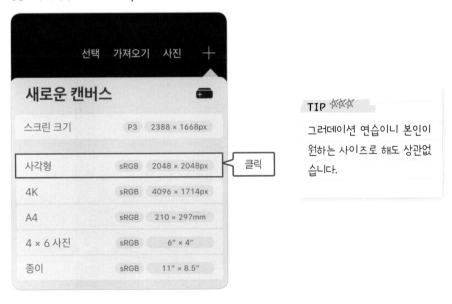

02 추천하는 브러시는 필자가 만든 [브러시 라이브러리]에서 [앙고라-미리내 브러시] 또는 [에어브러시]입니다. 필자는 [앙고라-미리내 브러시]를 사용하겠습니다.

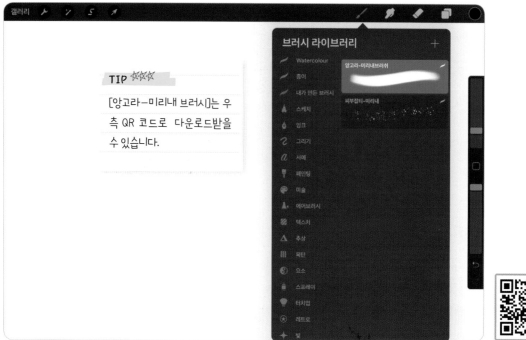

03 [색상] 탭에서 가장 어두운 black을 선택합니다. 색상의 클래식 모드를 기준으로 명도는 수직 방향으로 조절합니다.

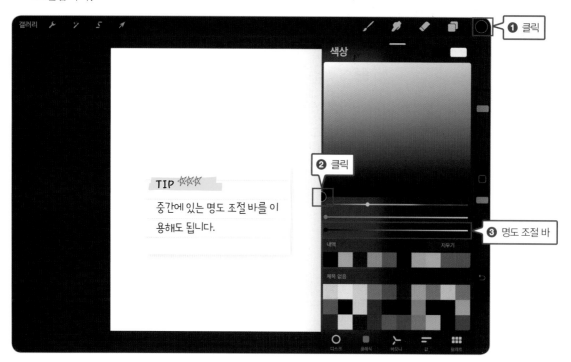

04 수직 방향으로 조금씩 밝은 톤을 선택하며 밝게 명도 변화를 줍니다.

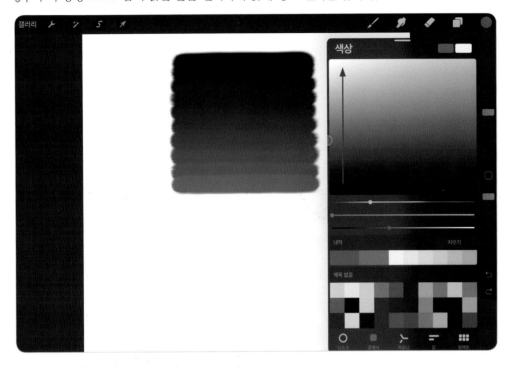

05 다음과 같이 완성되었습니다(사진보다 단계를 더 많이 나눠 보면 더 좋습니다).

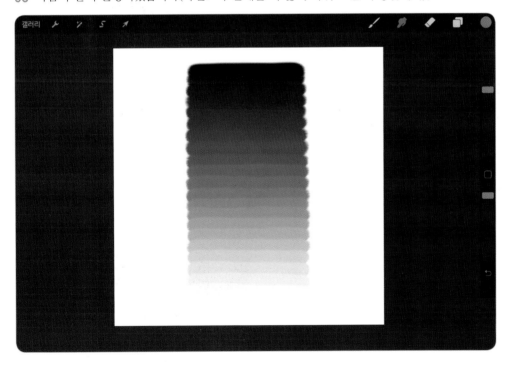

STEP 02   채도 단계 연습하기

색의 맑음과 탁함을 최대한 세밀하게 나눠 표현하는 연습을 함으로써 채도를 표현할 때 보다 풍부한 톤을 구현할 수 있습니다. 채도는 색상 툴에서 어느 쪽을 신경 쓰며 선택해야 하는지 알아보고, 미세한 톤 변화를 느끼며 단계를 표현해 봅시다.

01 채도는 낮아질수록 회색빛을 띱니다(black과 white는 채도가 없습니다). 원하는 컬러를 선택하되, 우측 상단 코너의 원색을 선택합니다(필자는 회색빛을 보여주기 위해 일부러 약간 명도가 낮은 컬러를 선택했습니다). 색상의 클래식 모드를 기준으로 채도는 수직 방향으로 조절합니다.

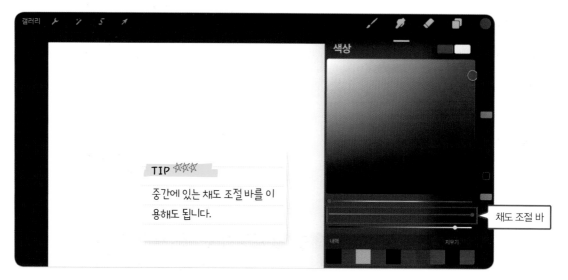

02 좌측 방향으로 조금씩 채도 낮은 컬러를 선택하며 단계를 표현해 줍니다.

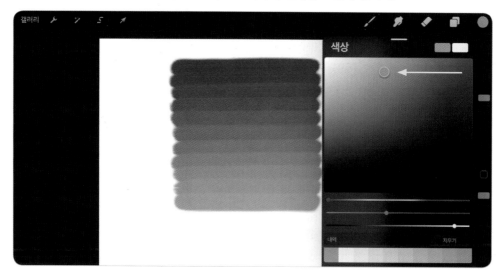

03 다음과 같이 완성되었습니다(사진보다 단계를 더 많이 나눠 보면 더 좋습니다).

STEP 03 명도와 채도 단계 연습하기

흑백사진이 아닌 이상, 인물 채색 시 명도와 채도를 동시에 파악할 줄 알아야 합니다. 그리고자 하는 대상의 명도와 채도를 정확히 보고 적절히 조율하며 칠해야 입체적인 표현이 되기 때문입니다. 명도와 채도는 색상 툴에서 어느 쪽을 신경 쓰며 선택해야 하는지 알아보고, 미세한 톤 변화를 느끼며 단계를 표현해 봅시다.

01 원하는 컬러 원색을 선택합니다. 채도와 명도 모두 낮아지려면 대각선 방향으로 조절해 주면 됩니다.

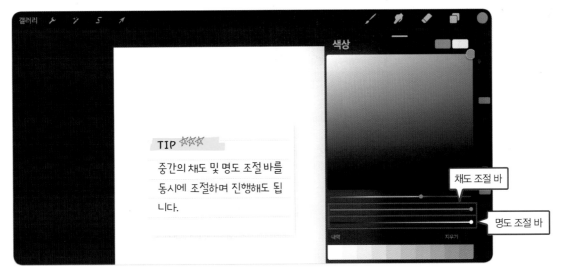

TIP ☆☆☆

중간의 채도 및 명도 조절 바를 동시에 조절하며 진행해도 됩니다.

채도 조절 바

명도 조절 바

02 좌측 대각선 아래 방향으로 조금씩 명도와 채도를 조절해 가며 단계를 표현해 줍니다.

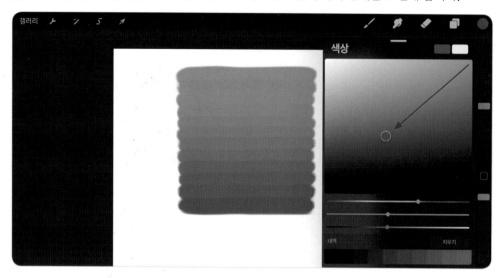

03 다음과 같이 완성되었습니다(사진보다 단계를 더 많이 나눠 보면 더 좋습니다).

STEP 04 그러데이션 연습하기 with 스머지 툴

스머지 툴을 이용해서 그러데이션을 표현해 봅시다. 적당한 힘으로 경계 부분을 살살 비벼가며 문질러 주는데 가로와 세로 방향을 적절히 섞어가며 자연스럽고 부드럽게 표현합니다. 너무 심하게 문질러서 톤 변화가 없어지지 않도록 주의해야 합니다.

01 스머지 브러시 역시 채색 브러시와 같은 브러시를 사용합니다. 필자는 스머지 브러시도 '앙고라-미리내 브러시'를 사용했습니다.

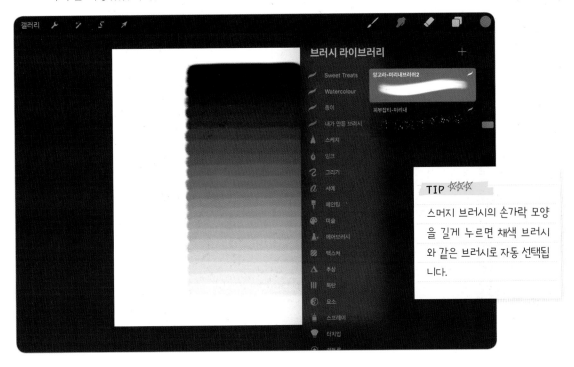

TIP ☆☆☆
스머지 브러시의 손가락 모양을 길게 누르면 채색 브러시와 같은 브러시로 자동 선택됩니다.

02 다음과 같이 명도 그러데이션이 완성되었습니다.

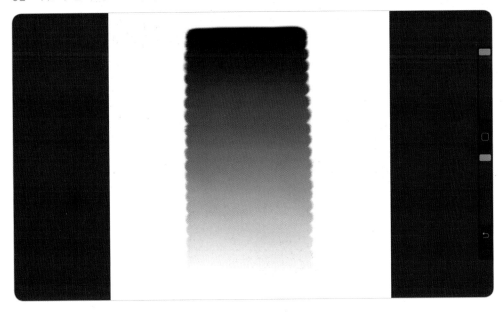

03 다음과 같이 채도 그러데이션이 완성되었습니다.

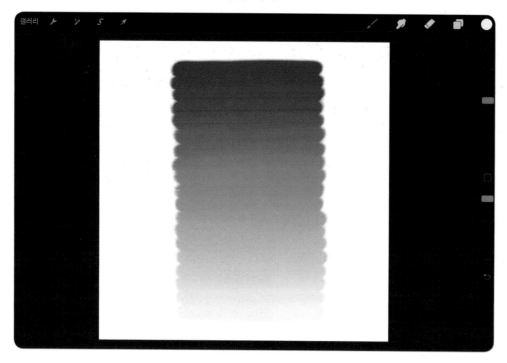

04 다음과 같이 명도와 채도 그러데이션이 완성되었습니다.

STEP 05 반실사화 반측면 그리기

실사화를 그리기 전에 반실사화의 반측면을 먼저 그려봅시다.

01 스크린 사이즈 캔버스를 만들고 다음과 같이 얼굴 스케치를 합니다. 사이드 바에서 브러시 불투명도를 낮추고 얼굴 비율을 참고해 그려줍니다(p.79 성인 얼굴 그리는 방법 참조). 얼굴의 기울기를 유심히 관찰하며 그려줍니다.

TIP ☆☆☆

[잉크]-[잉크 번짐] 브러시를 사용했습니다.

드래그

브러시 불투명도 조절 바

02 얼굴 아래로 목과 몸통을 그려줍니다.

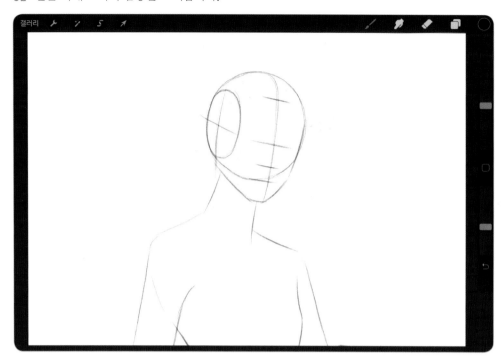

03 새 [레이어2]를 만들고, 스케치 [레이어1]의 N 버튼을 눌러 불투명도를 26%로 낮춰 줍니다.

04 [레이어2]에 조금 더 디테일하게 얼굴을 그려줍니다. 두상보다 조금 더 크게 머리카락을 그려주고, 목과 몸통, 그리고 옷을 그려줍니다. 쇄골은 어깨 전체 기울기에 맞춰 그려줍니다.

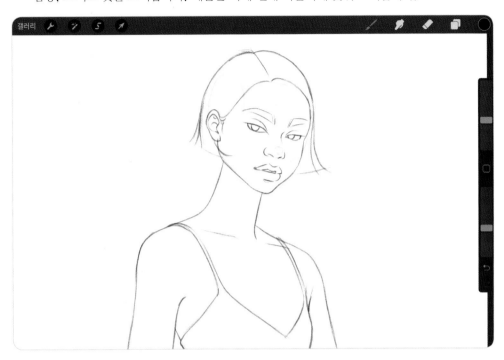

05 러프 스케치를 한 [레이어1]은 삭제하고, 디테일하게 스케치한 [레이어2]의 N 버튼을 눌러 불투명도를 30%로 낮춰 줍니다.

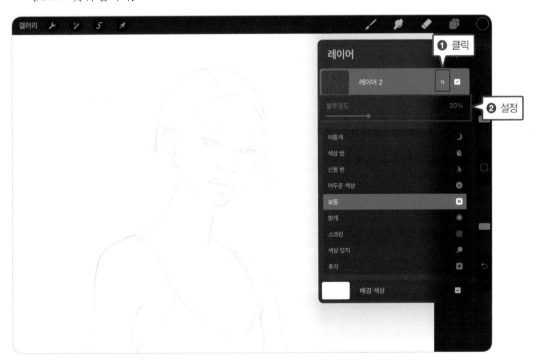

06 새 [레이어3]을 만들어 [레이어2] 아래로 옮겨줍니다.

07 자주색을 선택하고 컬러드롭해 배경을 채워줍니다.

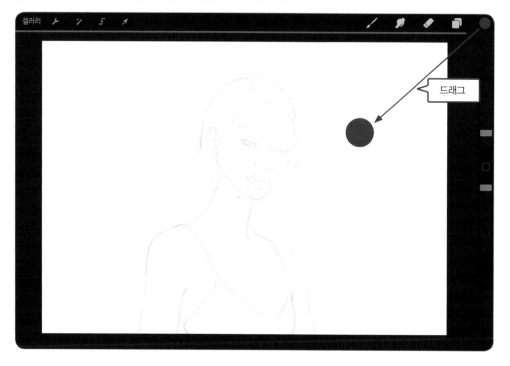

08 [레이어] 탭의 +를 눌러 새 [레이어4]를 만들고 스케치 [레이어2]와 배경 [레이어3] 사이에 놓습니다.

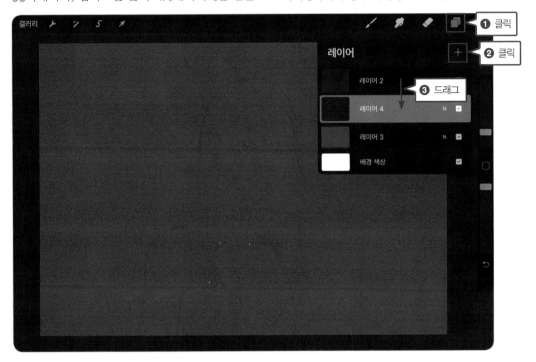

09 [브러시 라이브러리]에서 [앙고라−미리내 브러시]를 선택합니다. 갈색을 선택하고 피부를 모두 채색해
   줍니다.

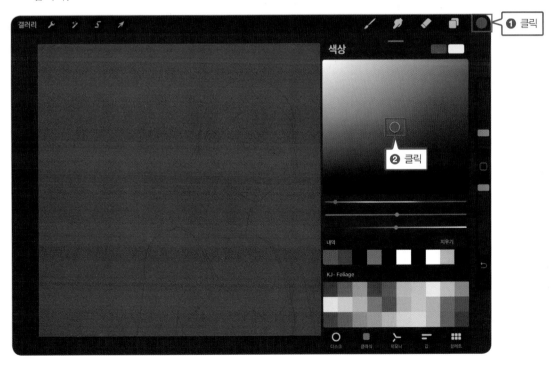

10 [레이어] 탭의 +를 눌러 새 [레이어5]를 만들어 피부 [레이어4] 위에 놓습니다.

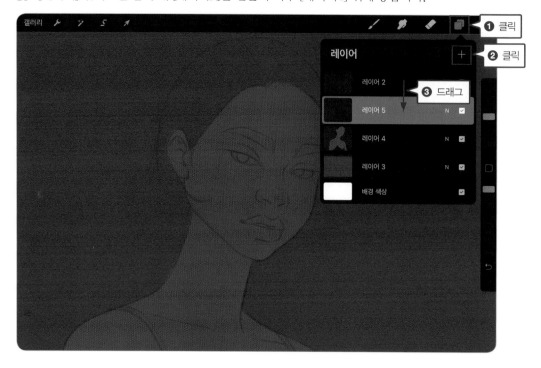

11 머리카락과 옷을 채색해 줍니다.

12 피부 [레이어4]를 눌러 나타나는 세부 메뉴에서 [알파 채널 잠금]을 클릭해 활성화해 줍니다.

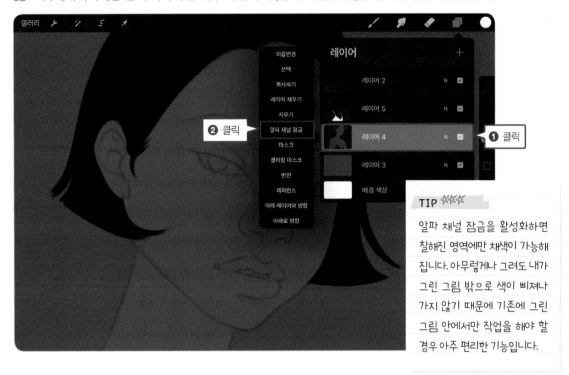

TIP ☆☆☆

알파 채널 잠금을 활성화하면 칠해진 영역에만 채색이 가능해 집니다. 아무렇게나 그려도 내가 그린 그림 밖으로 색이 삐져나 가지 않기 때문에 기존에 그린 그림 안에서만 작업을 해야 할 경우 아주 편리한 기능입니다.

13 피부보다 조금 더 어두운 톤으로 어두운 영역을 채색해 줍니다.

14 13번보다 조금 더 어두운 톤으로 더 어두운 영역을 채색해 줍니다.

15 처음 채색했던 갈색보다 조금 더 밝은 톤으로 밝은 영역을 채색해 줍니다. 튀어나온 부분이 어디인지 고민해 가면서 채색해 줍니다.

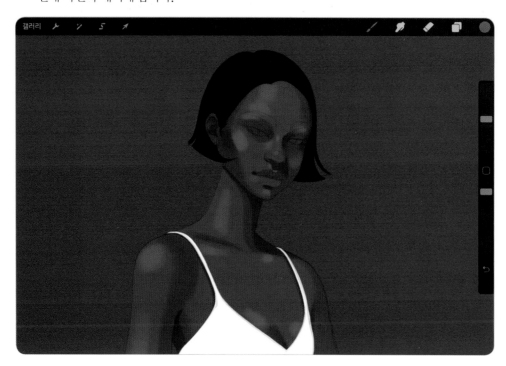

16 [레이어] 탭의 +를 눌러 새 [레이어6]을 만들어 피부 [레이어4] 위에 놓습니다.

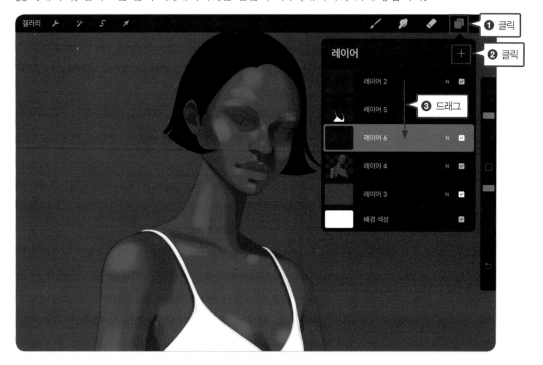

17 눈썹, 눈의 흰자, 입술을 채색해 줍니다. 윗입술은 아랫입술보다 조금 더 어두운 톤으로 채색해 줍니다.

18 흰자 윗부분에 약간 더 어두운 톤으로 그림자를 표현해 주고, 눈두덩이에 민트 컬러의 아이섀도를 채색해 줍니다. 까만 눈동자를 채색한 후, 눈의 아이라인을 날렵하게 그려줍니다.

19 스머지 브러시 역시 '앙고라-미리내 브러시'로 선택합니다. 피부를 채색한 [레이어4]를 선택한 후, 밝음, 중간, 어두움을 나눈 피부를 자연스럽게 블렌딩해 줍니다. 피부 톤보다 조금 더 어두운 톤으로 이목구비, 얼굴 라인, 목, 몸통의 외곽 라인을 그려줍니다.

20 아랫입술보다 조금 더 밝은 톤으로 하이라이트를 표현해 주고 입술 라인을 그려줍니다.

21 눈과 입을 그린 [레이어6]과 피부 [레이어4]를 병합해 줍니다.

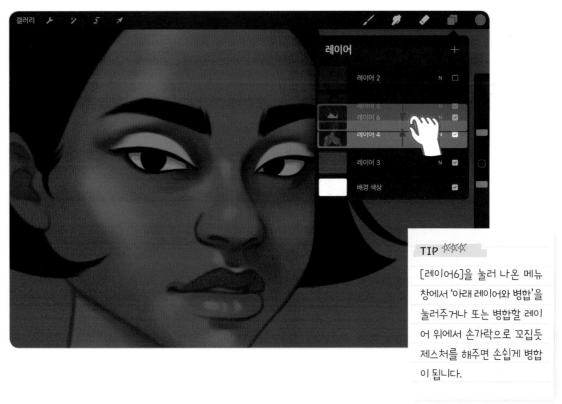

> **TIP** ★★★☆
>
> [레이어6]을 눌러 나온 메뉴 창에서 '아래 레이어와 병합'을 눌러주거나 또는 병합할 레이어 위에서 손가락으로 꼬집듯 제스처를 해주면 손쉽게 병합이 됩니다.

22 [서예]-[스크립트 브러시]를 선택합니다. 눈썹의 결과 속눈썹을 날렵하게 그려줍니다.

23 눈동자에 하이라이트를 채색해 줍니다. 그리고 피부보다 조금 더 밝은 톤으로 얼굴의 하이라이트를 표현해 피부의 윤기를 표현해 줍니다.

24 머리카락을 그린 [레이어5]를 선택하고, [서예]-[스크립트 브러시]로 자연스럽게 흐르는 머리카락의 디테일을 그려줍니다.

25 [레이어] 탭의 +를 눌러 새 [레이어6]을 만들어 피부 채색 [레이어4] 아래에 놓습니다.

26 회색으로 인체의 형태에 맞춰 그림자를 그려 채색해 줍니다.

TIP ☆☆☆

[서예] – [스크립트 브러시]를
사용했습니다.

27 그림자를 그린 [레이어6]의 N 버튼을 눌러 '어둡게' 모드로 바꿔 줍니다.

28 새 [레이어7]을 만들어 그림자를 그린 [레이어6] 아래에 놓습니다. [레이어7]에서 [레이어6]에 그린 그림
자보다 조금 더 아래에 똑같은 그림자를 하나 더 그리고 채색해 줍니다.

29 두 번째로 그린 그림자 [레이어7]의 N 버튼을 눌러 '제외' 모드로 바꿔 줍니다.

30 [조정 툴]-[하프톤]-[레이어]를 선택합니다. 하단에 '전체 색상'이 선택된 상태에서 그림 위에서 손가락 또는 애플펜슬로 좌측 또는 우측으로 밀어주면 하프톤의 효과가 나타납니다. 양쪽으로 밀어가며 원하는 하프톤의 효과를 적용시켜 줍니다.

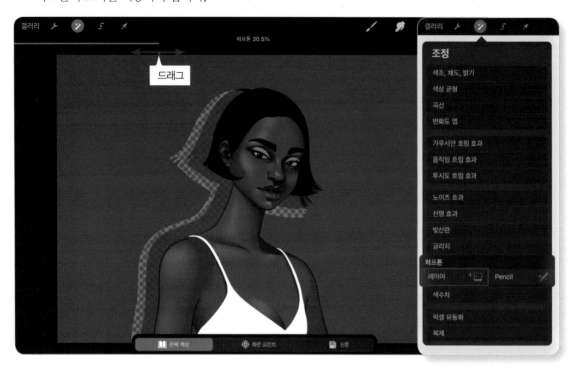

31 다음과 같이 완성되었습니다.

STEP 06   반실사화 측면 그리기

반실사화 측면을 그리는 방법을 알아봅시다.

01   스크린 사이즈 캔버스를 만들고 [브러시 라이브러리]–[잉크]–[잉크 번짐] 브러시로 얼굴 비율을 그려줍
니다. 측면으로 얼굴을 약간 위로 들고 있는 형태라 기울기를 신경쓰며 그려줍니다(p.79 성인 얼굴 그리
는 방법 참조).

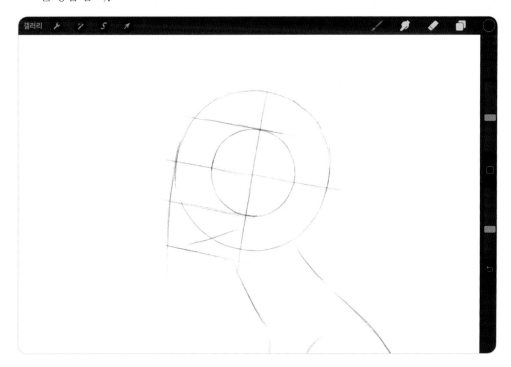

02 얼굴 비율을 그린 [레이어1]의 N 버튼을 눌러 불투명도를 30%로 낮춰 주고, 새 [레이어2]를 만들어 줍니다.

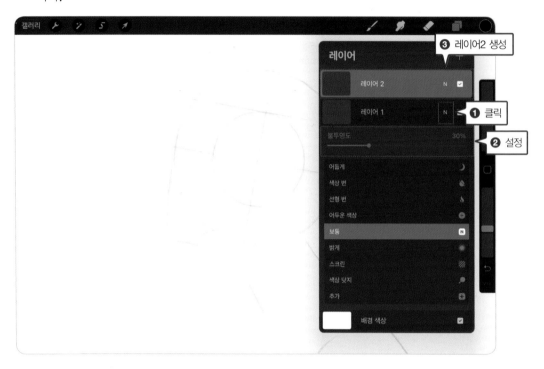

03 비율을 잘 나눈 스케치를 참고해 가며 세밀한 얼굴 형태를 그려줍니다.

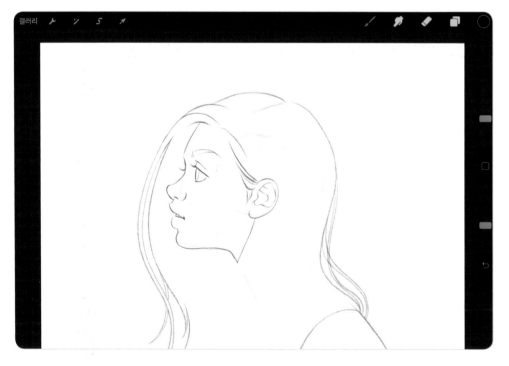

04 얼굴 비율을 그린 [레이어1] 탭을 눌러준 후, [레이어1]을 왼쪽으로 밀어줍니다. '삭제'를 클릭합니다.

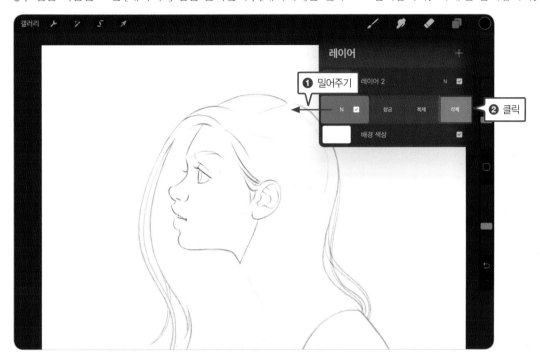

05 시선이 향하는 곳의 면적이 약간 넓은 것이 구도상 안정되어 보이기 때문에 스케치를 약간 우측으로 옮기겠습니다. [변형 툴]을 선택해 나타나는 하단 메뉴에서 '스냅'을 눌러 자석 툴을 활성화해 준 후, 우측으로 약간 옮겨줍니다.

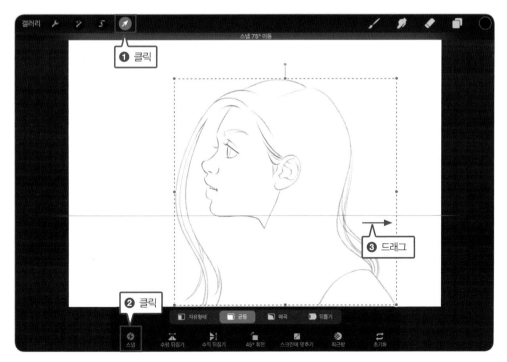

06 [레이어] 탭의 +를 눌러 새 [레이어3]을 만들어 [레이어2] 아래에 놓습니다.

07 앙고라—미리내 브러시로 피부를 채색해 줍니다. [레이어] 탭의 +를 눌러 새 [레이어4]를 만들어 [레이어
3] 아래에 놓습니다.

08 [레이어4]를 선택하고 머리카락을 채색해 줍니다.

09 [레이어3]을 선택해 피부의 어두운 부분과 밝은 부분을 채색해 줍니다.

10 스케치 [레이어2]의 N 버튼을 눌러 불투명도를 13%로 낮춰 줍니다.

11 [레이어] 탭의 +를 눌러 새 [레이어5]를 만들어 [레이어2] 아래에 놓습니다.

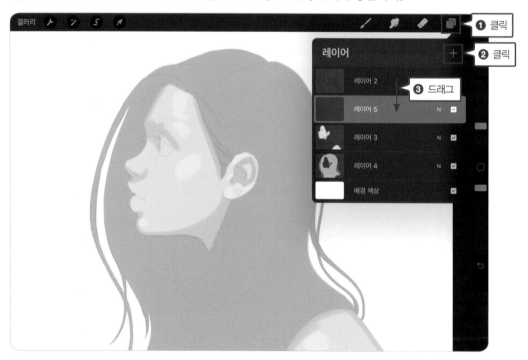

12 눈썹, 눈, 입술을 채색해 줍니다.

13 [레이어3]을 선택하고 스머지 브러시로 피부 톤을 자연스럽게 블렌딩해 줍니다.

14 눈썹, 눈, 입술을 채색한 [레이어5]를 눌러 나타나는 세부 메뉴에서 [아래 레이어와 병합]을 클릭합니다.
[레이어5]와 [레이어3]이 병합됩니다.

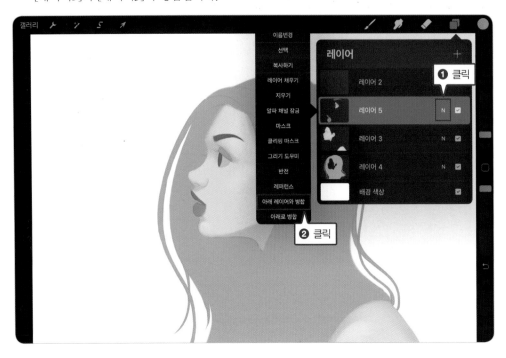

15 사이드 바의 브러시 조절 바를 드래그하여 브러시 크기를 작게 하고 피부 톤보다 어두운 컬러로 피부의
외곽 라인을 그려줍니다. [레이어2] 탭을 누른 후, 왼쪽으로 밀어주고 '삭제'를 클릭합니다.

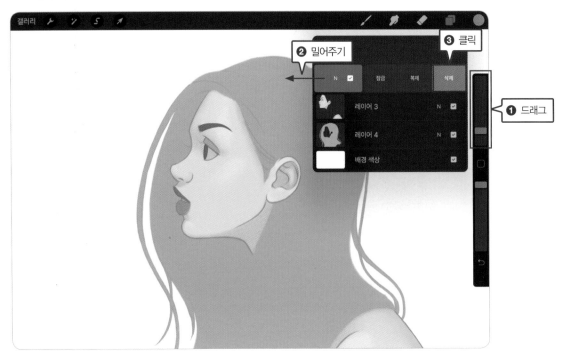

16 눈과 입술의 명암을 표현해 주고 핑크 컬러로 볼과 콧잔등에 생기를 표현해 줍니다. [앙고라-미리내 브러시]는 필압 조절을 잘만 하면 충분히 그러데이션 표현이 가능한 브러시이지만, 경계가 부자연스럽게 표현된다면 스머지 브러시를 함께 사용합니다.

TIP ★★★

스머지 브러시는 채색 브러시
와 동일한 브러시로 사용해야
자연스럽습니다.

17 쌍꺼풀은 속눈썹에 가까워질수록 진하게 그러데이션해 줍니다. 브러시 크기를 작게 만들어 속눈썹을 표현해 줍니다. [앙고라-미리내 브러시]로 컨트롤이 어렵다면 [서예]-[스크립트] 브러시를 사용해 고동색으로 콧구멍 라인을 살짝 그려주고, 콧망울 아래 그림자가 시작하는 지점을 약간 어둡게 채색해 줍니다. 마지막으로 입술보다 어두운 컬러로 입꼬리 부분을 살짝 강조해 줍니다.

18 화이트 컬러로 눈과 얼굴의 하이라이트를 표현해 줍니다.

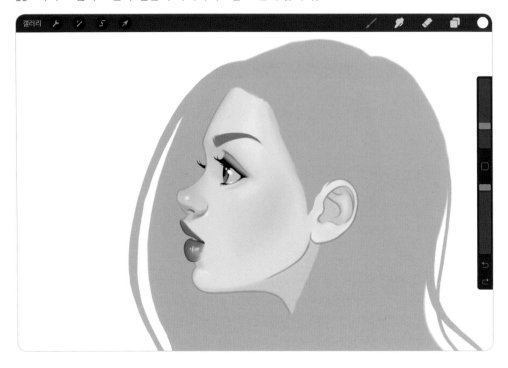

19 머리카락 [레이어4]를 선택하고 [서예]−[스크립트] 브러시로 머리카락 외곽을 깔끔하게 마무리해 준 후, 흩날리는 머리카락을 자연스럽게 표현해 줍니다.

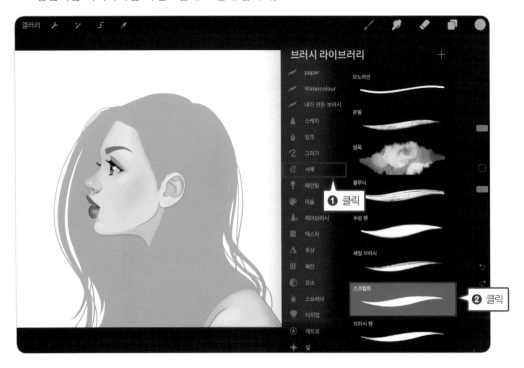

20 곡선을 사용할 때 흔들림이 생겨 자연스러운 표현이 어렵다면 스크립트 브러시를 선택해서 브러시 스튜디오로 들어갑니다. 획 경로의 StreamLine의 수치를 올려줄수록 선이 유연해져 보다 자연스러운 곡선을 사용할 수 있습니다.

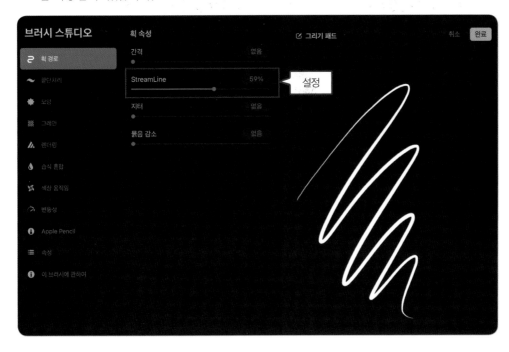

21 머리카락 [레이어4] 위에 새 [레이어5]를 만들어 줍니다. 새로 만든 [레이어5]를 눌러 나타나는 세부 메뉴에서 [클리핑 마스크]를 클릭합니다.

TIP ☆☆☆

레이어 앞에 아래로 향한 화살표가 생기면 해당 레이어가 클리핑 마스크가 적용되었다는 의미입니다.

22 [에어브러시]−[소프트 혼합]을 선택합니다. 머리카락 컬러보다 어두운 톤으로 위에서 아래로 그러데이션을
    표현해 줍니다. 클리핑 마스크가 적용되었기 때문에 머리카락에만 채색이 되는 것을 확인할 수 있습니다.

23 그러데이션 [레이어5] 위에 새 [레이어6]을 만들어 줍니다. 새로 만든 [레이어6]을 눌러 나타나는 세부 메
    뉴에서 [클리핑 마스크]를 클릭합니다.

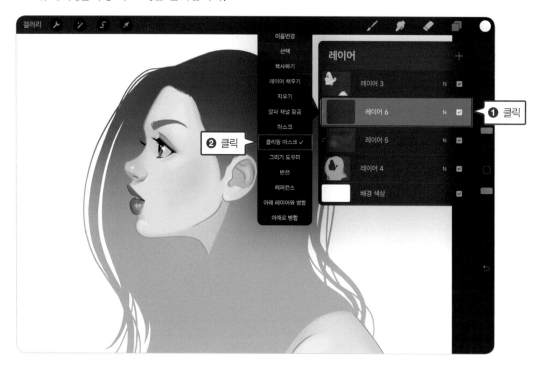

24 화이트 컬러를 선택한 후, [브러시 라이브러리]에서 [빛]-[보케]를 선택합니다. 브러시 크기를 조절해 가
며 선처럼 긋거나 화면 위에서 콕콕 찍어 보케 브러시의 효과를 자연스럽게 표현해 줍니다.

25 보케 브러시 효과를 준 [레이어6]의 N 버튼을 눌러 '추가' 모드를 선택합니다.

26 다음과 같이 완성되었습니다.

STEP 07   반실사화 정면 그리기

반실사화의 정면을 그리는 방법을 알아봅시다.

01 스크린 사이즈 캔버스를 만들고 HB 연필 브러시로 러프 스케치를 합니다. 얼굴을 그릴 때 비율을 참고
해 그려줍니다(p.79 성인 얼굴 그리는 방법 참조).

02 러프 스케치한 [레이어1] 위에 새 [레이어2]를 만들어 디테일한 인물 스케치를 합니다. 새 [레이어3]을 만
들어 배경 스케치를 조금 더 세밀하게 그려준 후, [레이어1]은 체크 해제하여 숨겨줍니다.

03 다음과 같이 스케치가 완성되었습니다.

04 인물 스케치한 [레이어2]를 맨 위로 올리고, 배경 스케치한 [레이어3] 아래에 새 [레이어4]를 만들어 줍니다.

05 새로 만든 [레이어4]에 채도 낮은 초록색을 컬러드롭해 캔버스 가득 색을 채워 줍니다.

드래그

06 [레이어] 탭의 +를 눌러 새 [레이어5]를 만들어 인물 스케치한 [레이어2] 아래에 놓습니다.

❶ 클릭
❷ 클릭
❸ 드래그

07 새로 만든 [레이어5]에 [에어브러시]-[미디움 하드 브러시]로 얼굴을 채색해 줍니다.

08 피부색보다 채도가 높은 색으로 볼과 코, 눈두덩이, 애교살을 칠해 줍니다.

09 피부색보다 명도가 낮은 색으로 이마에 생긴 그림자, 코 시작 부분, 코밑, 아랫입술 그림자, 목을 칠해 줍니다. [레이어5] 위에 새 [레이어6]을 만든 후, [레이어6]을 눌러 나타나는 세부 메뉴에서 [클리핑 마스크]를 클릭합니다. [레이어6]은 [레이어5]에서 칠해진 부분 안에서만 작업할 수 있습니다.

10 클리핑 마스크가 적용된 [레이어6]을 선택한 후, 브러시 크기를 작게 만들고 눈썹, 눈, 입술을 채색해 줍니다.

11 다시 [레이어5]를 선택한 상태에서 코끝을 조금 더 붉게, 어두운 곳은 조금 더 어둡게 표현한 후, 스머지 브러시로 얼굴을 블렌딩해 줍니다.

12 [레이어] 탭에서 +를 눌러 클리핑 마스크가 적용된 [레이어6] 위에 새 [레이어7]을 만들어 줍니다.

13 녹색의 보색인 붉은 계열을 선택하고 [잉크]-[스튜디오 펜]으로 머리카락 웨이브를 살려 칠해 줍니다. 그리고 브러시 크기를 작게 해 잔 머리카락들을 그려줍니다.

14 머리카락 [레이어7]을 눌러 나타나는 세부 메뉴에서 [알파 채널 잠금]을 클릭합니다.

15 [터치업]−[가는 머리칼 브러시]를 선택하고 머리카락보다 밝은 컬러로 머릿결을 표현해 줍니다.

16 [레이어] 탭의 +를 눌러 새 [레이어8]을 만들어 머리카락 [레이어7] 아래에 놓습니다.

17 [레이어8]을 눌러 나타나는 세부 메뉴에서 [클리핑 마스크]를 클릭합니다. 눈, 코, 입의 하이라이트를 표현해 준 후, [레이어8]을 '추가' 모드로 변경해 하이라이트를 더 극대화시켜 줍니다.

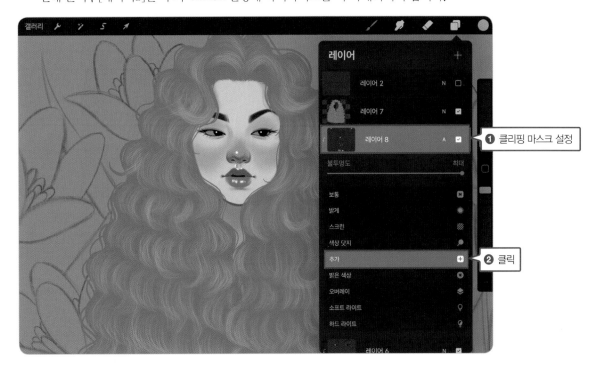

18 [레이어] 탭의 +를 눌러 새 [레이어9]를 만들어 배경 [레이어4] 위에 놓습니다.

19 [레이어9]에 [서예]−[모노라인] 브러시로 줄기와 잎을 그려줍니다. [레이어9] 위에 [레이어10]을 만들고 꽃을 그려줍니다.

20 꽃을 그린 [레이어10]과 줄기와 잎을 그린 [레이어9]를 병합해준 후, 불투명도를 40%로 낮춰 줍니다.

21 [조정 툴]-[변화도 맵]-[레이어]를 누르고 하단에 있는 원하는 그러데이션 맵을 선택합니다.

22 레이어 맨 위에 새 [레이어11]을 만들어 줍니다. 모노라인 브러시를 이용해 하얀색 눈을 그려줍니다.

23 [조정 툴]-[빛산란]-[레이어]를 선택해 하단의 전환효과와 크기, 번을 조절한 후, 그림 위에서 손가락 또는 애플펜슬을 좌측 또는 우측으로 밀어가며 원하는 효과로 설정해 줍니다.

24 다음과 같이 완성되었습니다.

MEMO

PART

03

실사화
그리기

" 이번 파트에선 리얼한 얼굴을 그리는 방법을 배워보겠습니다. 사실 인물 그림은 까다로운 주제이지만, 어려운 만큼 제대로 그리고 싶어 하는 분들이 많습니다. 최대한 닮게 그리는 것이 실사화지만, 완벽하게 그려야 한다는 생각을 조금 내려놓고 과정을 잘 살펴보며 차근차근 따라해 봅시다.

리얼한 이목구비 그리기

사실 인물을 그릴 때 모든 부분을 세밀하게 표현해야 하는 것은 아니지만, 분명한 것은 자세히 관찰하고 묘사한 사람과 개체묘사를 해보지 못한 사람과는 분명 표현에 차이가 있습니다. 할 줄 아는데 그림의 강약을 위해 생략하는 것과 표현할 줄 몰라 생략하는 것은 엄연히 다릅니다. 형태를 잡는 방법에서부터 양감의 표현과 묘사 과정까지 자세히 설명하겠습니다.

STEP 01 **눈 그리기**

많은 사람들이 이목구비 중에서 가장 그리기 좋아하고 재밌어하는 부위는 '눈'이 아닐까 싶습니다. 사람의 눈은 모두 다르게 생겼지만, 구조는 같습니다. 구조만 이해하고 있으면 훨씬 표현하기 좋습니다. 사진 속 그려 넣은 형태의 면과 굴곡을 보면 그릴 것이 많아 복잡해 보이지만, 막상 따라해 보면 그리 어렵지 않을 겁니다.

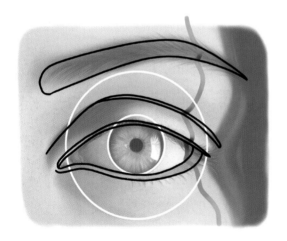

01 스크린 크기의 캔버스를 만들고 [스케치]-[HB 연필]을 이용해 긴 선으로 가장 큰 형태의 위치를 대략 체크해 줍니다.

02 대략적으로 잡아놓은 형태를 중심으로 조금 더 세밀한 형태를 그립니다. 형태뿐만 아니라 그림자의 위치, 눈썹과 속눈썹의 모양, 형태의 면도 함께 그려주면 채색할 때 편합니다.

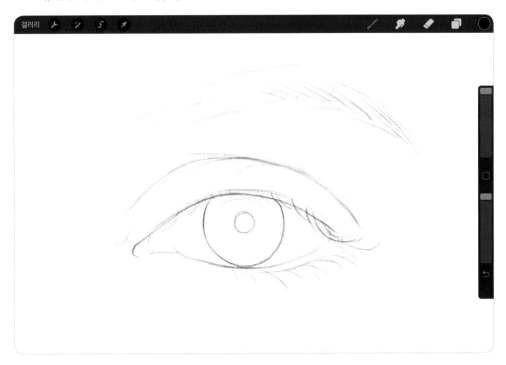

03 새 [레이어2]를 만들어 [레이어1] 아래에 위치시킨 후, [에어브러시]−[미디움 하드] 브러시로 피부 컬러
   를 먼저 채색해 줍니다.

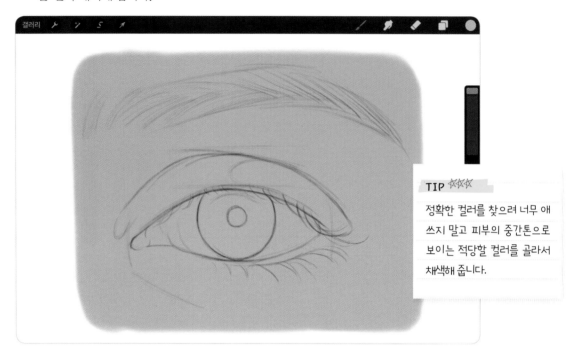

TIP ☆☆☆
정확한 컬러를 찾으려 너무 애
쓰지 말고 피부의 중간톤으로
보이는 적당할 컬러를 골라서
채색해 줍니다.

04 3번에서 칠했던 컬러보다 조금 더 어두운 톤으로 실제 눈에 그림자가 생기는 어두운 면을 채색해 줍니
   다. [에어브러시]−[미디움 하드 브러시]로 충분히 그러데이션 표현이 가능하지만, 필압 컨트롤이 어려운
   경우 스머지 브러시([에어브러시]−[미디움 하드 브러시])를 적절히 사용해 표현해 줍니다.

05 빛이 우측에 있기 때문에 우측 면의 흰자를 조금 더 밝게 표현했습니다. 불그스름한 내안각과 눈동자를 채색해 줍니다. 스머지 브러시(채색 브러시와 동일한 미디움 에어브러시)를 이용해 부드럽게 블렌딩해 줍니다.

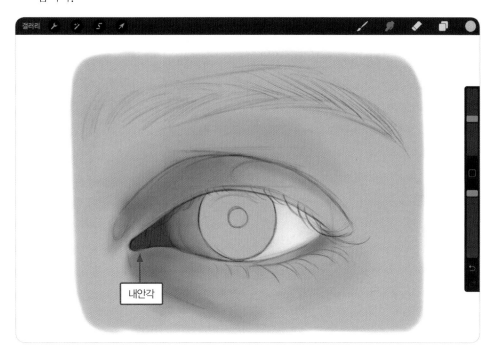

06 어두운 컬러로 그림자를 채색해 줍니다. 형태의 굴곡에 따라 그림자가 드리워져 있습니다. 잘 관찰하며 표현해 줍니다.

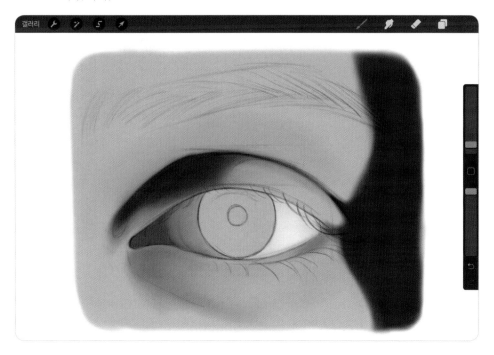

07 눈썹을 채색해 줍니다. 숱이 적은 눈썹의 앞머리 부분은 자연스럽게 그러데이션을 표현해 줍니다.

TIP ☆☆☆

눈썹 앞머리 부분은 힘을 약하게, 뒷부분으로 갈수록 힘을 살짝 주면서 채색해 줍니다. 눈썹 앞머리 부분을 흐릿하게 표현하기 어렵다면 스머지 브러시를 이용해 블렌딩해 줍니다 (스머지 브러시 역시 채색 브러시와 같은 브러시로 사용합니다).

08 스케치 [레이어1]의 N 버튼을 눌러 불투명도를 30%로 조절해 줍니다.

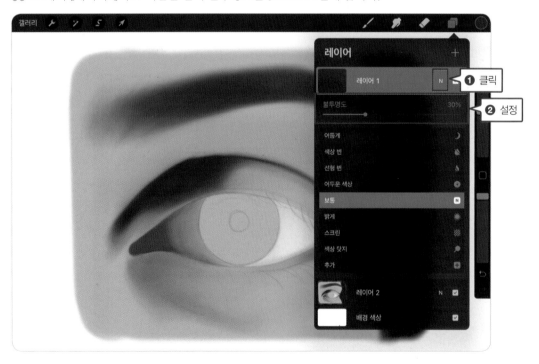

09 불투명도를 조절한 스케치 [레이어1]을 눌러 나타나는 세부 메뉴에서 [아래 레이어와 병합]을 누릅니다.
스케치 [레이어1]이 채색 [레이어2]와 병합됩니다. 스케치 레이어와 채색 레이어를 병합해 놓고 그 다음
단계를 진행하면 형태를 계속 확인할 수 있고, 자연스럽게 스케치 선을 덮으면서 진행할 수 있어서 편합
니다.

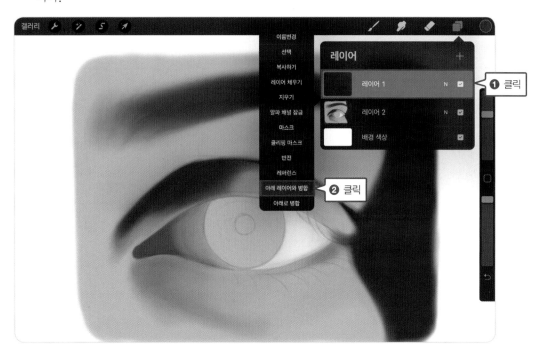

10 [레이어] 탭의 +를 눌러 새 [레이어3]을 만들어 줍니다. 새로 만든 레이어엔 눈동자 표현을 해줄 겁니다.

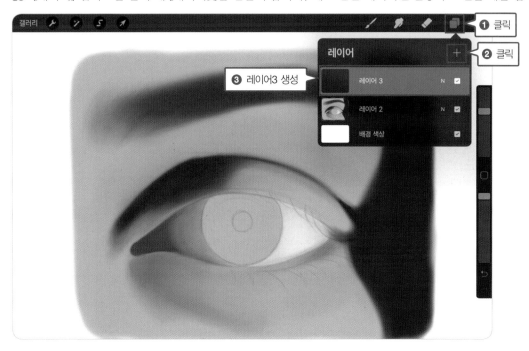

11 눈동자의 짙은 외곽 라인을 채색해 줍니다. 눈동자를 자세히 보면 흰자와 검은자의 경계가 부드럽게 나뉘져 있습니다. 외곽 라인을 너무 또렷하게 표현하면 굉장히 어색하고 오려붙인 듯한 느낌이 납니다. 외곽을 부드럽게 표현해 줍니다.

> **TIP** ☆☆☆
>
> 부드럽게 표현하기 위해선 손에 힘을 풀고 약한 힘으로 여러 번 덧칠해야 합니다. 한번에 색을 내려고 하지 말고 여러 번 터치하면서 원하는 색에 맞춰 표현합니다.

12 눈동자 컬러보다 조금 어두운 톤으로 홍채의 무늬를 그려줍니다. 동공 주변을 눈동자 컬러보다 어두운 톤으로 살살 채색해 준 후, 같은 컬러로 동공 외곽주변에서 눈동자 외곽을 향해 빗살무늬 선을 긋고, 반대로 눈동자 외곽주변에서 동공 외곽주변을 향해 선을 긋는 방식으로 홍채무늬를 그립니다. 홍채무늬를 그릴 때 눈동자 외곽의 톤보다 진해지지 않게 주의하면서 때론 손에 힘을 많이 빼고 때론 힘을 살짝 주어 홍채무늬의 강약을 표현해 주면 보다 톤이 풍부해집니다(Part 2의 필압 연습하기 참조).

13 12번의 컬러보다 조금 더 어두운 톤으로 홍채무늬를 한 번 더 디테일하게 그려줍니다. 그리고 눈동자 외
    곽 라인을 조금 더 어둡게 채색해 줍니다. 이때 외곽이 너무 딱딱하게 끊어진 느낌이 들지 않도록 살살
    부드럽게 채색해 줍니다.

TIP ☆☆☆

홍채 디테일을 표현할 땐 이전
단계보다 브러시 크기를 작게
설정하고 무늬를 그려줍니다.
마찬가지로 선의 강약을 이용
해 무늬를 그려줍니다.

14 [레이어] 탭의 +를 눌러 새 [레이어4]를 만들어 줍니다. 다른 컬러의 홍채무늬와 동공을 그려줄 겁니다.
    서로 다른 컬러의 홍채와 동공이 있기 때문에 레이어를 세분화시키면 따로 관리하기 편합니다.

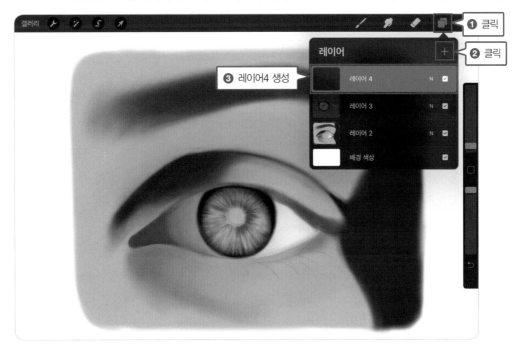

15 새로 만든 [레이어4]에서 노란색을 선택한 후, 동공 주변에서 바깥으로 뻗어 나가는 방향으로 선을 그려 홍채무늬를 그려줍니다. 눈동자 외곽 라인까지 그리는 것이 아니라 사진에서처럼 동공 주변 위주로 그려줍니다. 그런 후, 조금 더 진한 귤색을 선택해 동공 주변에 한 번 더 홍채무늬를 그려줍니다. 이전에 그렸던 노란색 홍채무늬가 다 덮이지 않게 주의합니다. 마지막으로 홍채무늬를 그린 [레이어3]의 톤을 스머지 브러시를 이용해서 노란색 홍채무늬와 회색 홍채무늬를 무늬 방향대로 자연스럽게 블렌딩해 줍니다. 이때 무늬가 뭉개지지 않게 조심하며 살살 블렌딩합니다.

16 [레이어] 탭의 +를 눌러 새 [레이어5]를 만들어 줍니다. 여기엔 속눈썹을 그려줄 겁니다.

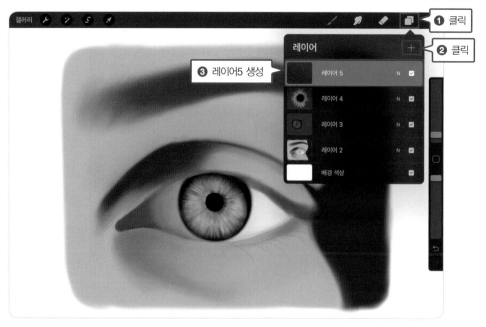

17 눈썹이 자라는 위치와 방향을 잘 관찰하고 한 가닥씩 그려줍니다. 자세히 살펴보면 눈썹은 점막 바깥에서 자라며 위치도 들쑥날쑥합니다. 같은 라인으로 자라지 않으니 자라는 방향을 잘 관찰해 그려줘야 자연스럽습니다. 눈 앞머리보다 뒤꼬리로 갈수록 속눈썹의 길이가 길어집니다. 눈썹이 자라는 부분은 살짝 두껍게, 끝으로 갈수록 날렵하게 빼서 표현해 줍니다. 완벽히 똑같이 그릴 필요는 없지만, 전체적인 라인을 맞출 수 있도록 노력하며 그려줍니다.

18 속눈썹을 그린 [레이어5]의 N 버튼을 눌러 '곱하기' 모드로 바꿔줍니다.

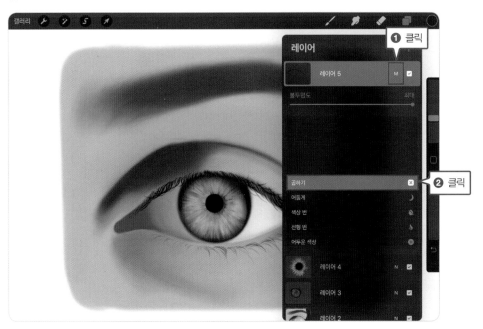

19 참고사진을 보면 눈동자에 초점이 맞춰져 있고, 속눈썹은 살짝 아웃포커싱이 되었습니다. 아웃포커싱 효과를 주기 위해 [조정 툴]–[가우시안 흐림 효과]–[레이어]를 선택한 후, 손가락을 화면 가운데에 놓고 좌우로 밀어가며 흐림 효과를 1.8% 정도로 설정합니다.

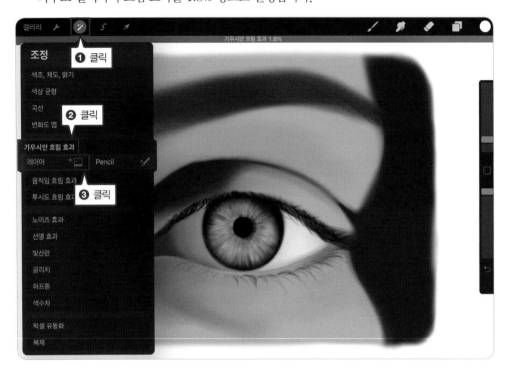

20 가우시안 흐림 효과를 준 눈썹 위에 중간중간 또렷해 보이는 속눈썹 몇 가닥을 더 그려줍니다.

21 피부를 표현한 [레이어2]를 선택합니다.

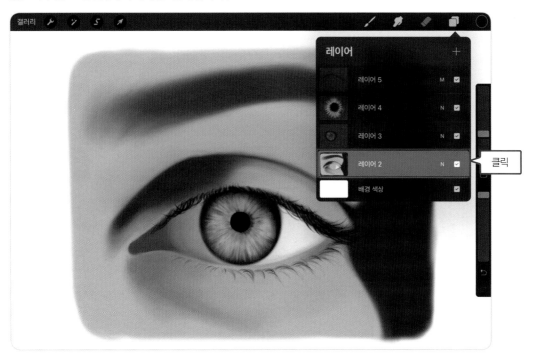

22 기존의 피부 톤보다 조금 더 밝은 컬러로 밝은 면을 표현해 줍니다. [색상]–[클래식] 모드의 명도 바를 아주 약간씩 조절해 가며 어두운 부분과 밝은 부분을 표현해 줍니다(Part 2. Chapter 4의 명도 단계 연습하기 참조).

23 쌍꺼풀의 주름과 내안각 모양을 묘사해 줍니다.

> **TIP** ☆☆☆
>
> 내안각은 밝음과 어두움의 면
> 을 나눠주고 스머지 브러시를
> 이용해 블렌딩해 주면 됩니다.

24 [레이어] 탭의 +를 눌러 새 [레이어6]을 만들어 [레이어3] 아래, [레이어2] 위에 놓습니다.

25 [레이어6]을 선택하고 눈썹 전체 컬러보다 조금 더 어두운 컬러로 눈썹 결을 표현해 줍니다(브러시 크기는 작게). 눈썹은 자라는 방향만 알면 그리기 쉽습니다. 눈썹 앞머리는 위로 자라다가 뒤로 갈수록 눕힌 듯 자랍니다.

26 조금 더 어두운 톤으로 한 번 더 겹쳐서 눈썹 결을 표현해 줍니다. 두 가지 톤으로 눈썹을 그려주면 밀도가 풍부해집니다.

27 피부 [레이어2]를 선택해 눈 옆의 그림자를 표현해 줍니다. 그림자 속은 은은하게 표현해 줘야 튀지 않고 자연스럽게 깊이감이 생깁니다. 스머지 브러시를 이용해 그림자가 흐르는 방향대로 부드럽게 살살 비벼 가며 블렌딩해 줍니다.

28 하이라이트를 표현하기 위해 [레이어] 탭의 +를 눌러 새 [레이어8]을 만들어 줍니다.

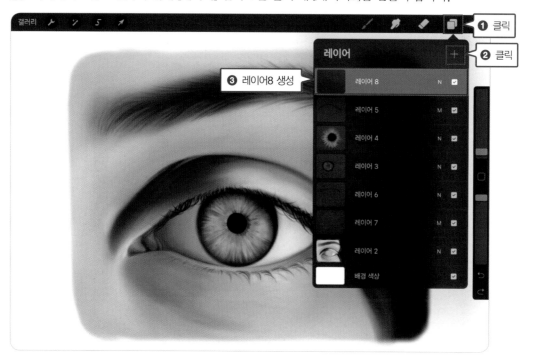

29 힘 조절을 해가며 하이라이트의 강약표현을 해줍니다. 크기에 따라 브러시 크기도 잘 조절해 가며 표현해 줍니다. 눈동자의 가장 큰 하이라이트를 자세히 보면 윗 속눈썹이 비쳐 보입니다. 세밀한 부분 하나씩 표현하지 말고 먼저 하이라이트 형태를 크게 그려 놓고 속눈썹이 비치는 부분을 지우개로 살살 지워가며 표현해 줍니다.

30 하이라이트 [레이어8]의 N 버튼을 눌러 나타나는 세부 메뉴에서 [알파 채널 잠금]을 클릭합니다.

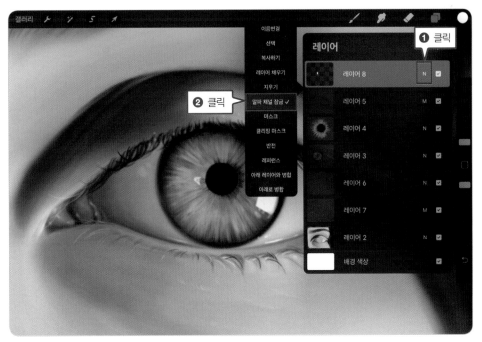

31 마지막으로 가장 큰 하이라이트를 자세히 보면 윗부분은 하늘빛, 아랫부분은 은은한 회색빛으로 보입니다. 알파 채널 잠금을 활성화했기 때문에 삐져나갈 염려 없이 편하게 그러데이션 표현을 해줄 수 있습니다. 눈에는 복잡하고 그려야 할 것들이 많아 보이지만, 큰 형태에서 작은 형태로 진행하고 덩어리를 먼저 표현한 후, 디테일을 표현하면 훨씬 편하게 그릴 수 있습니다. 무작정 보이는 곳부터 진행하지 말고 진행 과정을 머릿속으로 정리하고 시작하길 바랍니다.

STEP 02 　코 그리기

코 그림을 어려워하는 분들이 많습니다. 다른 부위에 비해 형태도 단순한 편이지만, 어렵게 느껴지는 이유는 조금만 잘못 표현하면 굉장히 인조적인 코로 보이기 때문입니다.

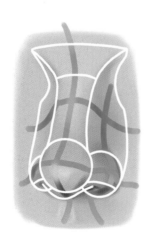 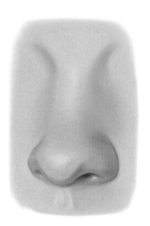

인조적인 느낌이 나기 쉬운 부분은 콧대와 콧구멍입니다. 어릴 적 우리는 그림을 그릴 때 콧대를 강조하는 코 모양으로 그렸지만, 사실은 콧대를 너무 강조하면 굉장히 어색해집니다. 콧구멍은 잘못 그리면 돼지코가 될 가능성이 큽니다. '콧대는 반듯하고 콧구멍은 동그랗다'라는 고정관념에서 벗어나야 합니다. 콧대와 콧망울의 덩어리 모양과 흐름을 잘 살펴보며 그려봅시다.

01 콧대가 시작하는 지점과 콧대, 콧망울, 코끝의 위치를 대략 잡습니다.

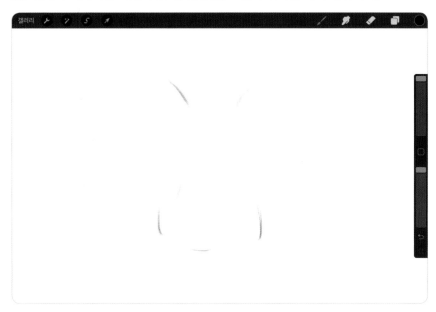

02 코끝의 동그란 덩어리를 연하게 그려주고 콧구멍과 콧망울을 조금 더 자세히 그려줍니다. 반측면의 코 모양이기 때문에 양쪽 콧구멍과 콧망울의 넓이가 다릅니다.

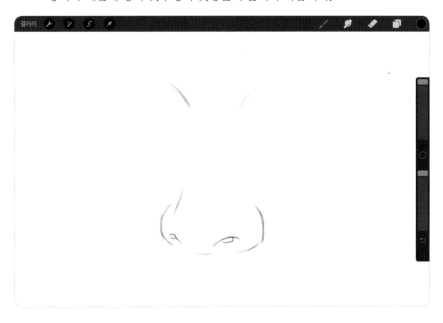

03 어두운의 면을 그려줍니다. 스케치가 세밀하면 채색할 때 훨씬 편합니다. p.14, p.208의 참고사진을 잘
　　보면 콧대, 콧망울, 콧구멍의 톤이 다르다는 것을 알 수 있습니다. 콧망울과 콧구멍, 코끝의 톤보다 콧대
　　의 톤이 조금 더 은은합니다. 스케치하면서 채색의 진행계획을 머릿속으로 생각해 봅니다.

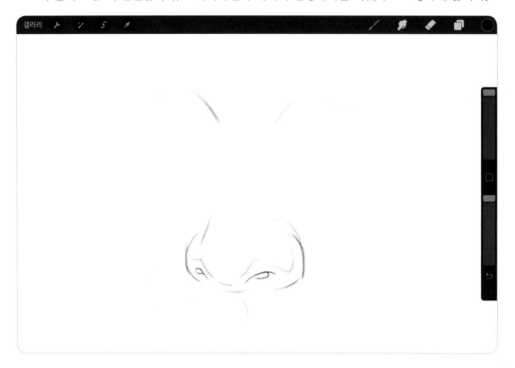

04 [레이어] 탭의 +를 눌러 새 [레이어2]를 만들어 스케치 [레이어1] 아래에 놓습니다.

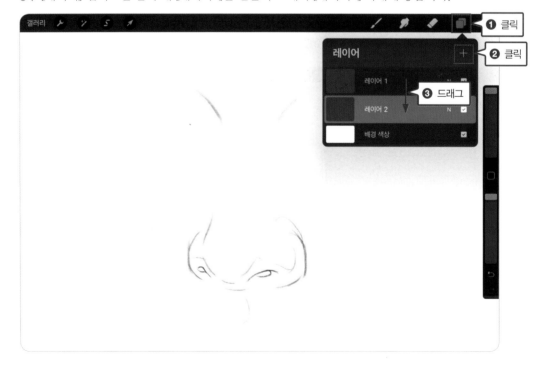

05 피부의 적당한 중간톤으로 코 전체를 채색해 줍니다. 채색을 진행하면서 그에 맞게 조금씩 톤을 조절해 주면 되므로 처음부터 완벽한 컬러로 칠하려 하지 않습니다([에어브러시]–[미디엄 하드] 브러시 사용).

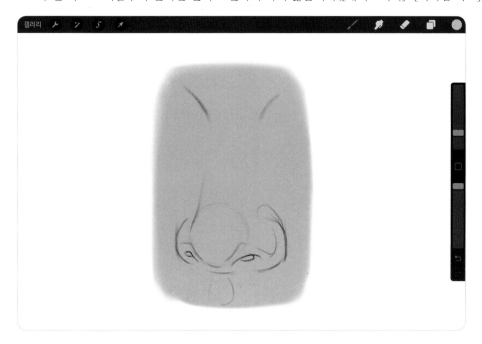

06 조금 더 어두운 컬러로 눈에 보이는 어두운 면을 채색해 줍니다. 코끝과 콧망울 주변의 어두움은 과감하게, 콧대 옆면의 어두움은 은은하게 표현해 줍니다. 콧대는 일자로 쭉 뻗은 모양이 아니라 미간에서 살짝 들어갔다가 콧대가 내려오고 코끝 동그란 덩어리가 시작하는 위치부터 살짝 위로 솟아있는 형태입니다. 콧대 중간쯤 덩어리 시작하기 전 위치에 살짝 톤을 은은히 깔아줍니다.

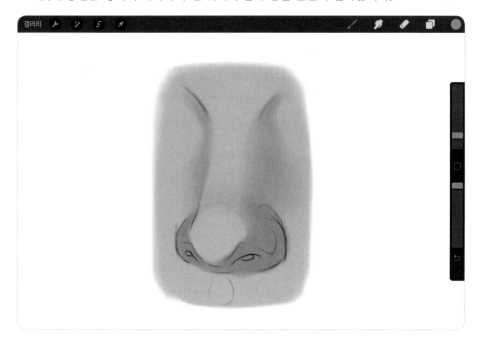

07 스케치 [레이어1]을 선택해 불투명도를 20%로 낮춰 줍니다. 적당히 형태가 보일 만큼 낮춰 주면 됩니다.

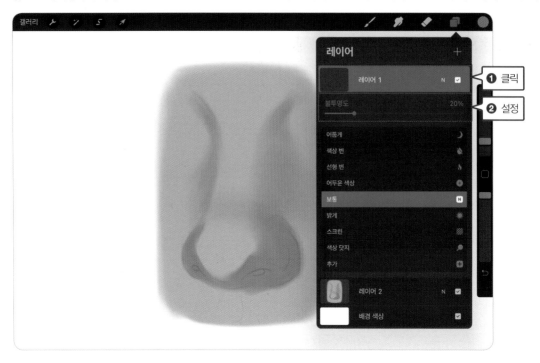

08 [레이어1]을 눌러 나타나는 세부 메뉴에서 [아래 레이어와 병합]을 눌러 [레이어1]과 [레이어2]를 병합해 줍니다.

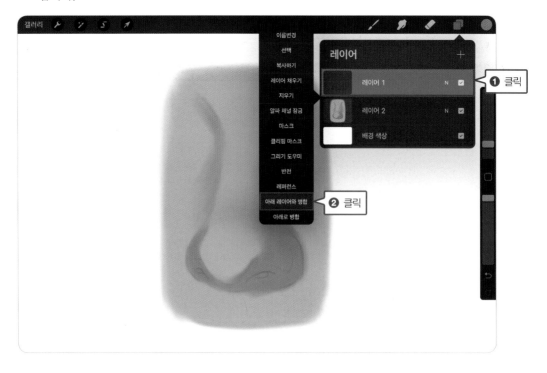

09 조금 더 어두운 톤으로 코의 어두움을 표현해 줍니다. 이때 어두움의 강약이 더 확실히 보이게 표현해 줍니다. 빛은 좌측 위쪽에서 오고 있습니다. 잘 보면 콧대 우측 옆면이 어둡긴 하지만, 코 밑면과 콧망울의 어두운 부분이 더 어둡습니다. 시야를 넓게 보며 전체 톤을 잘 확인합니다. 지금 단계에선 작은 면보다 큰 면을 봐야 합니다. 스머지 브러시로 면 모양대로 블렌딩해 줍니다.

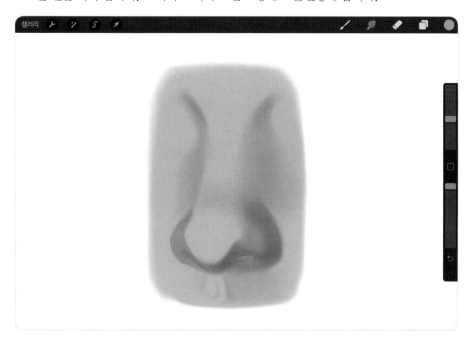

10 브러시 크기를 조금 작게 조절하고 조금 더 어두운 톤으로 콧망울 부분의 형태와 콧구멍을 표현합니다. 조금 더 강한 어두움이 들어가면 확실히 그림이 또렷해져 보입니다.

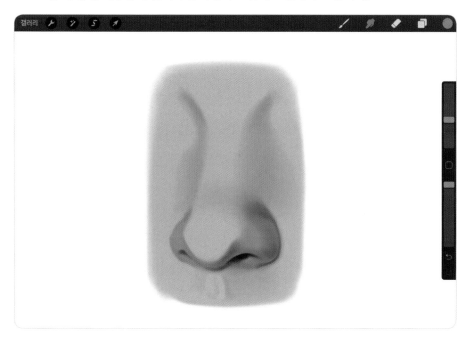

11 콧대와 콧대 옆면도 코끝의 톤에 맞게 밸런스를 맞춰 줍니다. 이때 너무 강해지지 않게 계속 톤 비교를 하며 진행합니다. 코끝은 다른 부분보다 불그스름하기 때문에 아주 살짝 채도 높은 컬러로 하이라이트 부분을 제외한 코끝 부분을 표현해 줍니다.

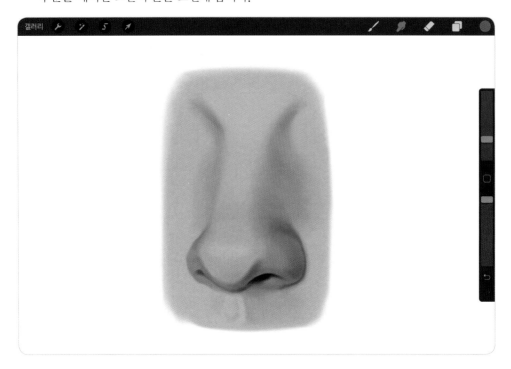

12 새 [레이어2]를 만들고 [레이어2]의 N 버튼을 눌러 '곱하기' 모드로 만들어 줍니다.

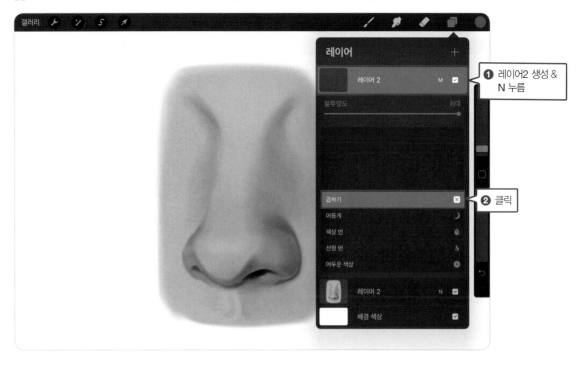

13 '곱하기' 모드로 코의 가장 어두운 부분을 찾아 강약표현을 해줍니다. 코끝, 콧구멍이 시작하는 부분, 콧
   망울 등 그림의 톤을 정리한다는 생각으로 채색해 줍니다. 어두움의 강약표현이 마무리되었으면 새 [레
   이어3]을 만들고 코의 하이라이트를 표현해 줍니다. 하이라이트는 백색이 아닌, 피부 컬러보다 조금 더
   밝은 컬러로 부드럽게 표현해 줍니다.

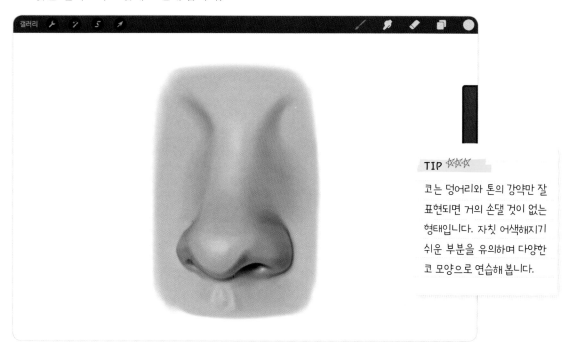

TIP ★★☆
코는 덩어리와 톤의 강약만 잘
표현되면 거의 손댈 것이 없는
형태입니다. 자칫 어색해지기
쉬운 부분을 유의하며 다양한
코 모양으로 연습해 봅니다.

STEP 03   입술 그리기

입을 그릴 때 입술의 각도만 이해하고 그리면 보다 쉽게 덩어리감을 표현할 수 있습니다. 붕어 입술처럼 표현
되는 원인이 입술의 각도를 이해하지 못한 채 표현했기 때문입니다. 윗입술은 아래로 내려올수록 기울어지듯
꺾여 있는데 아랫입술은 볼록한 모양입니다. 보통 윗입술에 비해 아랫입술이 두껍습니다. 입술엔 자글자글한
주름들이 있습니다. 보이는 주름을 모두 그릴 필요는 없습니다. 입술 또한 큰 형태에서 점차 작은 형태로 진
행해 가면 훨씬 수월합니다. 천천히 따라해 봅시다.

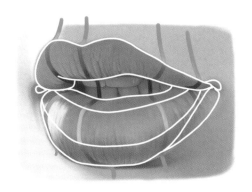

01 [브러시 라이브러리]에서 [스케치]−[HB 연필]을 선택해 윗입술의 두께, 아랫입술의 두께, 입의 넓이, 입의 중심을 긴 선으로 대략 잡습니다.

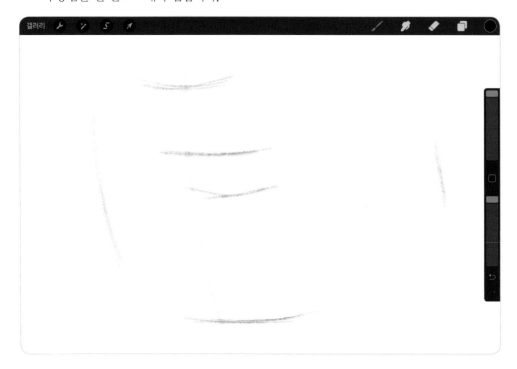

02 대략 잡아놓은 형태에 맞춰 입술의 형태와 치아를 그려줍니다.

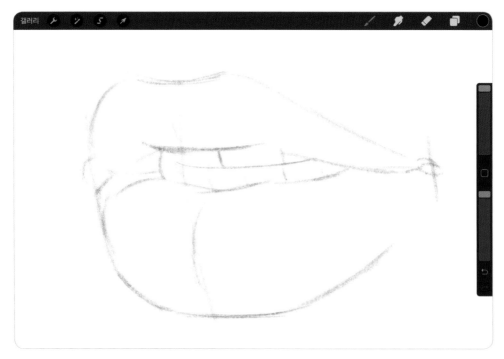

03 조금 더 세밀한 형태를 그려주고 입술 주름의 라인도 대략 흐름의 위치를 표현해 줍니다. 스케치 선이 너무 많고 복잡해졌다면 제대로 그려진 형태를 제외한 나머지 보조선들은 지워줍니다. 잔 선이 너무 많아 복잡해진 스케치 위에 채색할 때 헷갈릴 수 있기 때문에 채색 전 스케치 단계는 내가 알아볼 수 있는 형태로 정리되어 있어야 합니다.

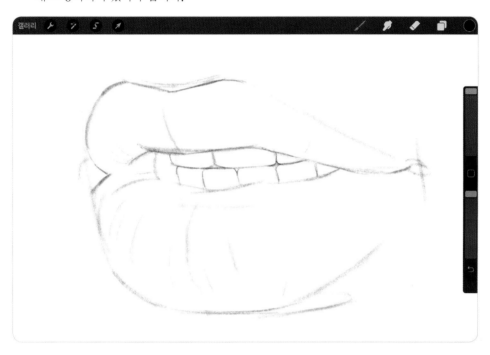

04 p.15, p.215 참고사진의 피부 컬러 중간톤으로 채색을 합니다. 이때 치아는 빼고 채색해 줍니다.

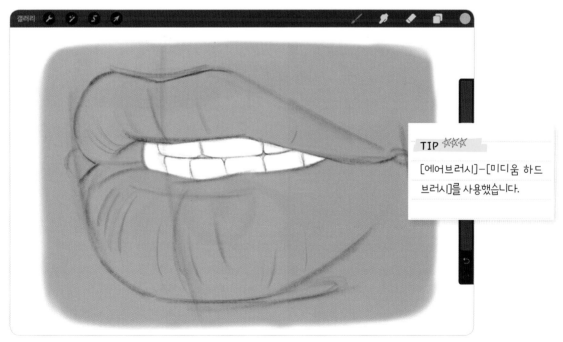

TIP ☆☆☆

[에어브러시]-[미디움 하드 브러시]를 사용했습니다.

05 입술의 중간톤으로 채색해 줍니다.

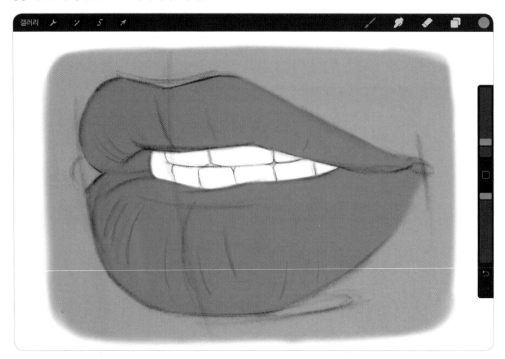

06 [레이어] 탭의 +를 눌러 새 [레이어3]을 만들어 채색 [레이어2] 아래에 놓습니다.

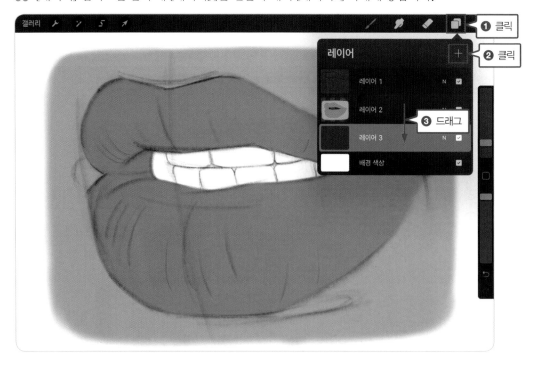

07 치아 중간 컬러로 전체를 채색해 줍니다.

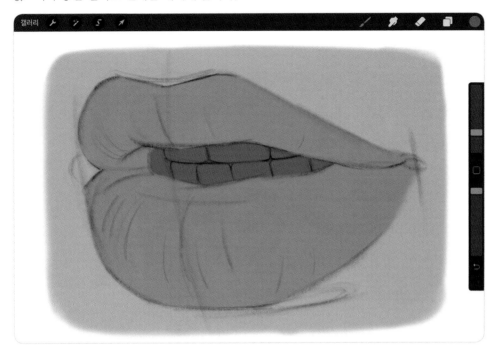

08 채색 [레이어2]를 선택한 후, 입술 전체 컬러보다 조금 더 어두운 톤으로 입술의 어둠을 채색해 줍니다. 윗입술은 어두운 톤으로 전체를 채색했지만, 아랫입술은 가운데 볼록한 부분을 제외한 나머지를 채색해 줬습니다. 형태의 굴곡에 맞게 어두움을 표현해 줍니다. 윗입술과 아랫입술의 기울기를 잘 관찰해 보길 바랍니다.

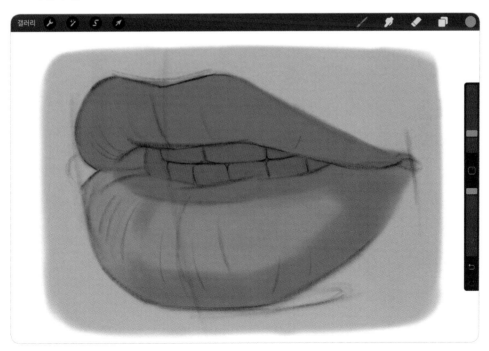

09 입술과 피부의 밝음을 표현해 줍니다.

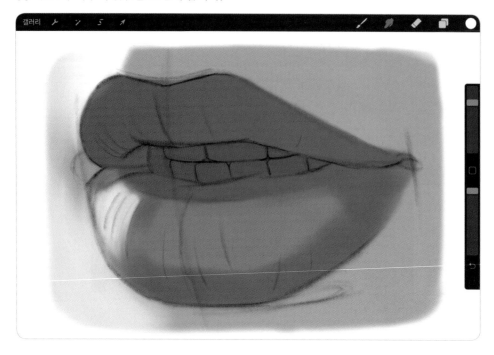

10 명도와 채도가 낮은 컬러로 입술의 안쪽 어두움을 채색해 줍니다. 좌측에서 빛이 오기 때문에 윗입술의
우측면이 살짝 더 어둡습니다. 입 안쪽 어두움은 치아 [레이어3]을 선택해 채색합니다. 나중에 그림이 서
로 섞이는 불상사가 생기지 않도록 구분해 놓은 레이어를 잘 확인하며 진행합니다.

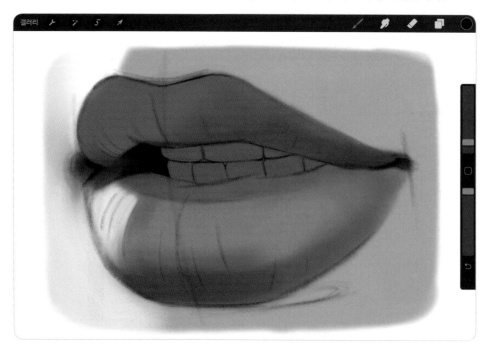

11 스케치 [레이어1]의 불투명도를 30%로 낮춰 줍니다. [레이어1]을 한 번 더 눌러 나타나는 세부 메뉴에서 [아래 레이어와 병합]을 눌러 [레이어1]과 [레이어2]를 병합해 줍니다.

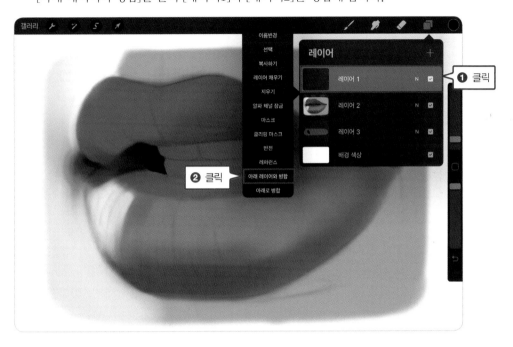

12 스머지 브러시([에어브러시]−[미디움 하드 브러시])로 입술에 살짝 보이는 스케치 선을 없애가며 초벌에서 표현한 밝음, 어두움, 중간의 관계를 부드럽게 블렌딩해 줍니다. 그리고 윗입술의 입술 산과 입술의 안쪽 부분, 아랫입술의 어두움과 은은하게 보이는 반사광을 표현해 줍니다. 반사광은 어두움 안에서 살짝 밝아야 합니다. 밝음의 톤만큼 밝지 않으니 주변 톤을 꼭 잘 비교해 가며 채색해 줍니다.

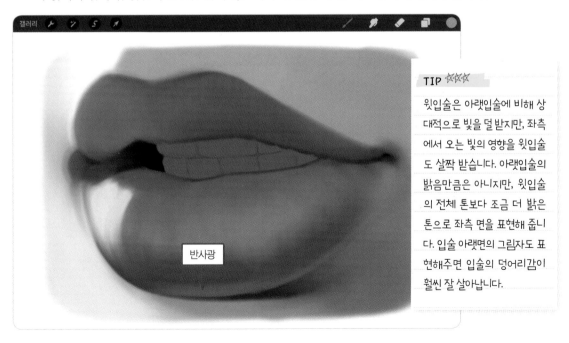

TIP ☆☆☆

윗입술은 아랫입술에 비해 상대적으로 빛을 덜 받지만, 좌측에서 오는 빛의 영향을 윗입술도 살짝 받습니다. 아랫입술의 밝음만큼은 아니지만, 윗입술의 전체 톤보다 조금 더 밝은 톤으로 좌측 면을 표현해 줍니다. 입술 아랫면의 그림자도 표현해주면 입술의 덩어리감이 훨씬 잘 살아납니다.

13 새 [레이어4]를 만들어 맨 위에 놓습니다. [레이어4]에는 입술의 주름을 그려줄 건데 무작정 시작하지 말고 참고사진을 천천히 잘 관찰해 봅니다. 입술에서 가장 튀어나온 부분은 어딜까요? 보이는 모든 주름을 표현하는 것보다 앞에 있는 형태를 중심으로 주름 표현을 해주고 입꼬리로 갈수록 조금씩 덜 표현해 주는 것이 그림이 훨씬 입체적으로 보이고 덜 부담스럽습니다. 참고사진을 보면 윗입술의 주름이 아랫입술의 주름보다 더 진하고 깊습니다. 입술 컬러보다 살짝 어두운 톤으로 주름 컬러를 정하고, 깊은 주름과 얇은 주름의 톤 차이를 잘 비교해 가며 표현해 줍니다.

TIP ★★★☆☆

보이는 모든 것을 표현하는 것보다 강조와 생략을 적절히 표현하는 것이 훨씬 드라마틱해 보이고 그림이 재밌습니다.

14 [레이어4]를 선택한 후, 입술의 중간톤보다 살짝 밝은 톤으로 주름의 밝은 부분을 표현해 줍니다. 빛이 오는 방향을 잘 생각하며 밝음을 표현해 줍니다. 너무 밝은 톤으로 칠하면 굉장히 어색하고 주름이 너무 도드라집니다. 살짝 표현해 보고 너무 밝다 싶으면 한 톤 어두운 컬러로 맞춰 채색해 줍니다.

15 채색 [레이어2]와 치아 [레이어3]을 병합해 줍니다. [레이어2]를 눌러 나타나는 세부 메뉴에서 [아래 레이어와 병합]을 눌러줍니다. 병합하는 이유는 치아 톤과 입술의 톤을 자연스럽게 스머지해 줄 부분이 있는데 레이어가 분리되어 있으면 이 둘의 블렌딩이 어렵기 때문에 이 단계부터는 병합해 표현하는 것이 좋습니다.

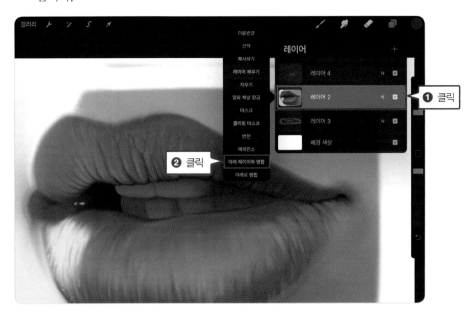

16 치아 전체를 칠한 톤보다 살짝 어두운 톤으로 아랫니 전체를 채색해 줍니다. 이때 너무 손에 힘을 주지 말고 아주 살살 쓰다듬듯이 채색합니다. 그런 후, 조금 더 어두운 컬러로 양쪽 사이드에 있는 아랫니를 채색해 줍니다. 전체적인 톤이 맞춰졌다면 브러시 크기를 작게 해서 치아 사이사이를 표현해준 후, 치아보다 밝은 컬러로 밝은 부분을 표현해 줍니다. 역시 손에 힘을 빼고 칠합니다.

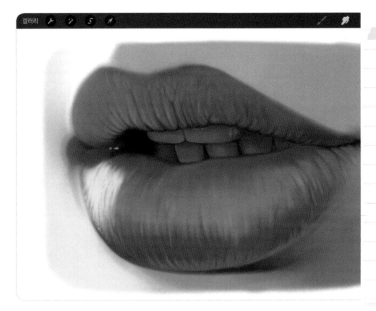

TIP ☆☆☆

윗니도 잘 보면 앞니의 옆부분과 입술과 맞닿은 부분은 살짝 그림자가 져 어둡습니다. 그리고 치아를 잘 보면 아랫니가 조금 더 안쪽으로 들어갔기 때문에 아랫니가 윗니보다 살짝 더 어둡습니다. 또한 치아의 양쪽 끝으로 갈수록 빛을 덜 받아 점점 어두워집니다. 그 부분도 잘 관찰하여 표현해 줍니다. [에어브러시]-[미디움 하드 브러시]는 부드럽게 표현이 되지만, 자연스럽게 표현이 안 된다면 스머지 브러시([에어브러시]-[미디움 하드 브러시])를 적절히 함께 사용해 줍니다.

17 [레이어] 탭의 +를 눌러 새 [레이어5]를 만들고 [레이어5]의 N 버튼을 눌러 '곱하기' 모드로 설정합니다.

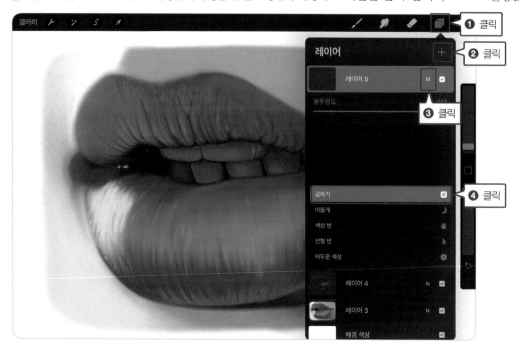

18 강조해 줘야 할 어두움을 표현해 줍니다. 윗입술의 안쪽 주름, 입술과 치아 사이의 입속 공간, 우측 입꼬리, 아랫입술의 그림자 등을 강조합니다. 17단계도 충분히 완성되어 보이지만, 이렇게 어두움의 강약을 표현해 주면 튀어나온 부분과 들어간 부분의 관계가 더 극대화되어 훨씬 입체적이고 보는 재미가 생깁니다. 적절한 위치에 표현한 어두움은 그림에 깊이감을 만들어 줍니다.

STEP 04 귀 그리기

이목구비 중에 가장 쉬운 형태가 바로 '귀'입니다. 뭔가 울룩불룩 복잡해 보이지만, 구조를 이해해 놓으면 분명 수월하게 표현할 수 있습니다. 이륜(귓바퀴)에서 귓불까지의 형태, Y자 모양의 대이륜, 귓구멍을 살짝 덮고 있는 이주와 대이륜과 연결된 대주의 작은 볼륨의 형태만 나타내주면 귀의 형태는 끝입니다. 귀는 다양한 두께의 굴곡으로 이루어져 있어서 굴곡 연습하기 정말 좋으니 꼭 연습해 봅시다.

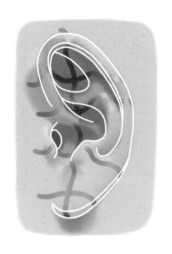
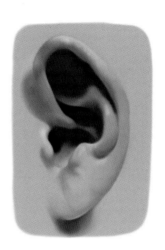

01 [브러시 라이브러리]에서 [스케치]-[HB 연필]을 이용해 긴 선으로 귀의 큰 형태를 대략 잡아줍니다.

02 조금 더 디테일한 형태를 그려줍니다. 먼저 귀의 전체 형태를 그리고, 이륜의 두께를 그려줍니다. Y자 모양의 대이륜과 대주를 그립니다. 마지막으로 귓구멍 앞에 있는 이주를 그려주면 귀 형태는 끝입니다.

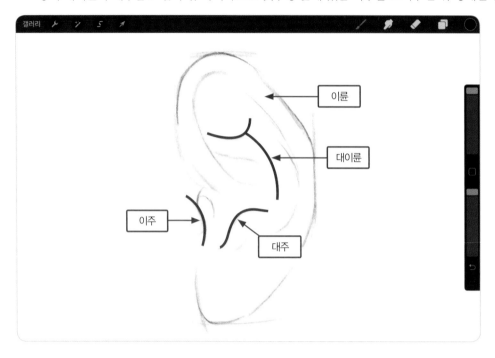

03 새 [레이어2]를 만들어 스케치 [레이어1] 아래에 놓습니다. 귀의 중간톤을 선택하고, [에어브러시] – [미디움 하드 브러시]를 이용해서 귀 전체를 채색해 줍니다.

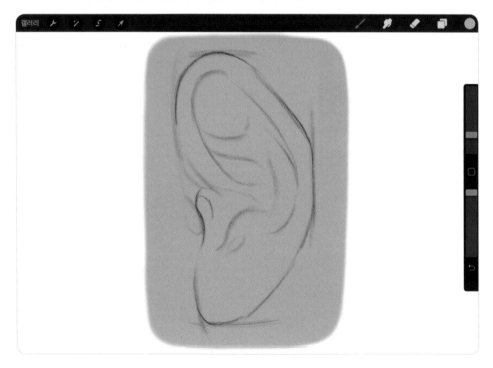

04 피부 컬러보다 어두운 톤으로 어두운 면적을 채색해 줍니다.

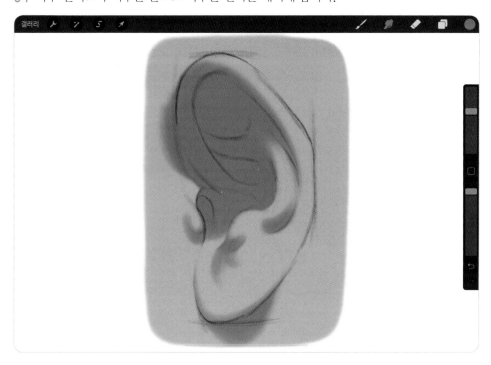

05 더 어두운 컬러로 어두운 면적 안에서 더 어두운 면을 표현해 줍니다.

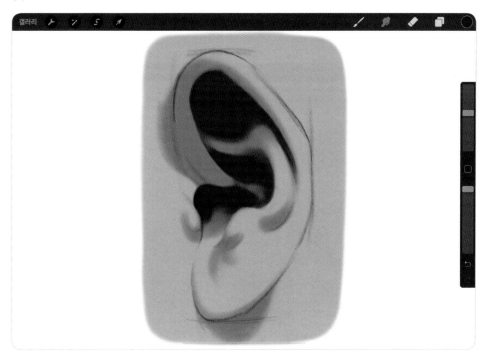

06 스케치 [레이어1]의 불투명도를 30%로 조절하고, [레이어1]을 눌러 나타나는 세부 메뉴에서 [아래 레이어와 병합]을 눌러 채색 [레이어2]와 병합해 줍니다.

07 스머지 브러시([에어브러시]–[미디움 하드 브러시])를 이용해 스케치 선을 없애면서 전체 톤을 자연스럽게 블렌딩해 주고, 피부 톤보다 채도 높은 컬러로 귀의 혈색을 표현해 줍니다.

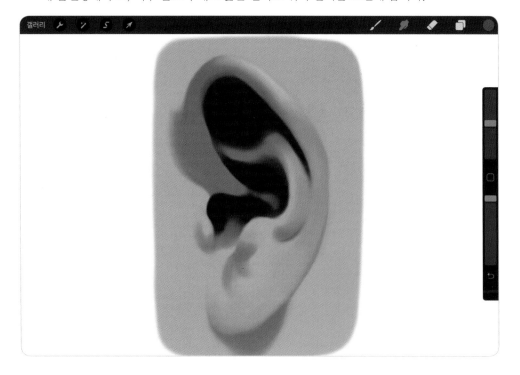

08 검은색에 가까운 어두운 고동색으로 귓구멍과 대이륜의 아래 그림자를 표현해 줍니다.

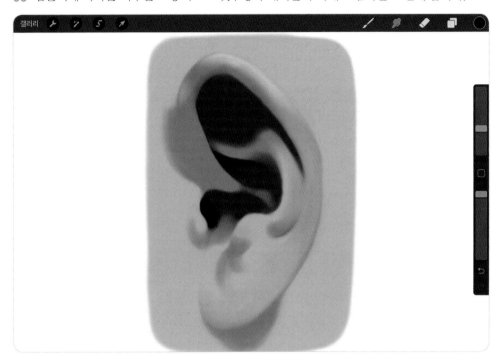

09 밝은 톤을 이용해서 귀의 밝음을 찾아 표현합니다. 그런 후, 귀 형태의 세밀한 굴곡을 그려줍니다. 안으로 들어간 부분과 밖으로 튀어나온 부분의 톤 차이를 잘 관찰하며 진행합니다. 특히 귓구멍과 대주 사이의 공간감, 이륜과 대이륜의 볼륨감과 대이륜의 그림자 속 표현을 주의깊게 살펴보며 완성합니다.

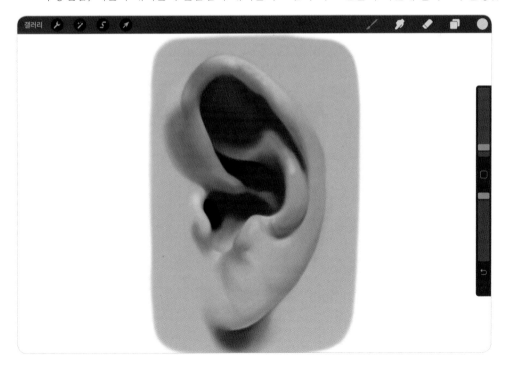

머리카락 그리기

머리카락은 셀 수 없이 많은 가닥으로 이루어져 있어서 이걸 어느 세월에 다 그리나 하며 처음엔 막막할 수 있습니다. 하지만 머리카락의 큰 흐름의 방향과 영역을 잘 나눠 표현해 나가면 그리 어렵지 않게 자연스러운 머리카락을 그릴 수 있습니다. 이번 장에선 두 가지 스타일의 머리카락을 표현하는 법을 알아보겠습니다.

STEP 01   묶은 머리카락 그리기

먼저 복잡하게 묶인 머리카락을 그려봅시다. 이런 모양의 헤어스타일을 연습할 경우 배울 수 있는 것은, 큰 덩어리를 보는 눈과 덩어리(양감)를 표현하는 능력입니다. 이 두 가지 요소는 머리카락을 그릴 때 꼭 필요합니다. 머리카락을 훨씬 쉽고 효과적으로 그려낼 수 있기 때문입니다. 한 단계씩 자세히 알아봅시다. 너무 똑같이 그리려고 하기보다 비슷한 느낌, 자연스럽게 표현하는 데 집중하며 따라합니다.

01 둥그란 윗머리와 뒤로 묶인 머리카락의 큰 덩어리를 [HB 연필] 브러시를 이용해 긴 선으로 큼직하게 잡아줍니다.

02 뒷머리를 자세히 보면 가로 모양으로 크게 5등분으로 나뉘어 묶여 있습니다. 묶인 큰 덩어리의 흐름을 잘보며 형태를 나눠 줍니다.

TIP ☆☆☆

[스케치]-[HB 연필]을 사용
했습니다.

03 크게 나눈 다섯 덩어리 안에 작은 덩어리의 머리카락들이 있습니다. 어느 하나 같은 형태가 없는 머리카락이 상당히 재밌는 형태로 이루어져 있습니다. 시야를 넓게 하고 다양한 크기와 모양의 머리카락 덩어리들을 그려줍니다.

04 새 [레이어2]를 만들어 스케치 [레이어1] 아래에 위치시킨 후, 머리카락의 적당한 중간톤을 골라 미디움 에어브러시로 채색합니다.

05 어두운 고동색으로 머릿결 모양을 살리면서 머리카락의 어두움을 채색해 줍니다.

06 4번의 머리카락 컬러와 5번의 어둠 컬러의 중간톤으로 머리카락 덩어리의 중간톤을 채색해 줍니다. 그리고 윗머리의 어두움도 약하게 표현해 줍니다. 윗머리는 아웃포커싱이 되어 흐릿하게 보이기 때문에 윗머리를 표현할 땐 손에 힘을 빼고 살살 채색해 줍니다.

07 밝은 컬러를 선택해 머리카락의 밝은 면적을 찾아 채색합니다. 윗머리는 역시 손에 힘을 빼고 은은하게 표현해 줍니다. 같은 컬러로 표현했지만, 애플펜슬의 압력을 어떻게 사용하느냐에 따라 다르게 표현되는 것을 볼 수 있습니다.

08 스케치 [레이어1]과 채색 [레이어2]를 병합하고, 머리카락 바깥으로 삐져나간 스케치 선은 지우개로 깨끗이 지워 줍니다. 스머지 브러시([에어브러시]–[미디움 하드 브러시])를 이용해 머리카락의 밝음, 중간, 어두움의 경계를 자연스럽게 블렌딩해 줍니다. 스머지 브러시의 크기를 작게 해 밀어가며 표현해 주면 머릿결 표현도 가능합니다.

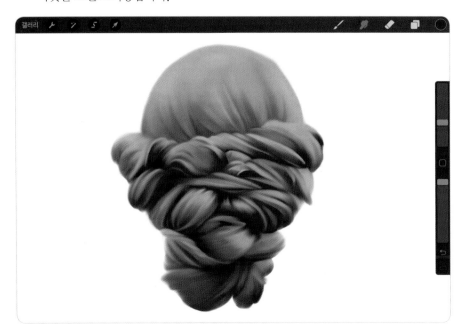

09 [레이어] 탭의 +를 눌러 새 [레이어3]을 만들고 [레이어3]에서 N 버튼을 눌러 '곱하기' 모드로 만들어 줍니다. 같은 컬러라도 '곱하기' 모드로 표현하면 더 어둡게 표현이 됩니다.

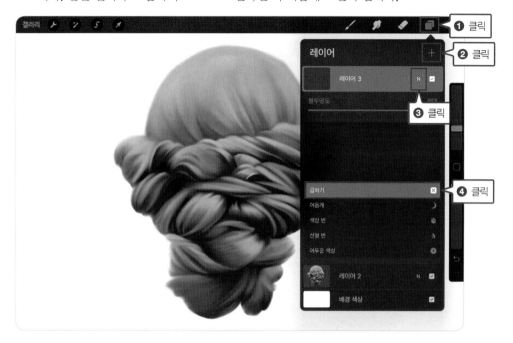

10 가장 또렷해야 하는 부분은 뒷머리카락의 중심입니다. 그 부분을 중심으로 어두움을 표현해 줍니다. 어두움뿐만 아니라 조금 더 세밀한 머리카락 결도 그려줍니다. 그런데 가운데 부분만 강조하면 밸런스가 맞지 않아 미완성처럼 보일 수 있습니다. 머리카락의 외곽이나 아랫부분도 브러시 크기를 작게 하고 손에 힘을 살짝 빼서 또렷한 중심부를 받쳐줄 만한 톤으로 살짝 표현해 줍니다.

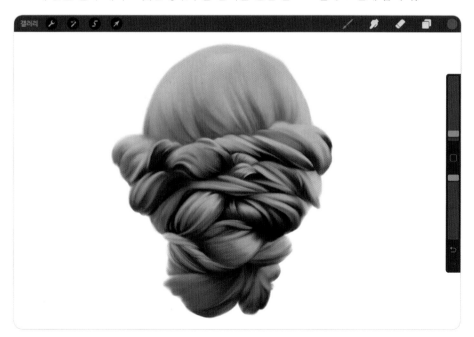

11 새 [레이어4]를 만들어 줍니다. [터치업]-[가는 머리칼 브러시]를 이용해 머리카락의 밝은 컬러로 삐져나온 잔머리와 머릿결을 표현해줍니다. 어느 정도 그려졌다면 [에어브러시]-[미디움 하드 브러시]를 선택하고 브러시 크기를 최대한 얇게 한 후, 머리카락 가닥을 중간중간 그려주면 완성됩니다.

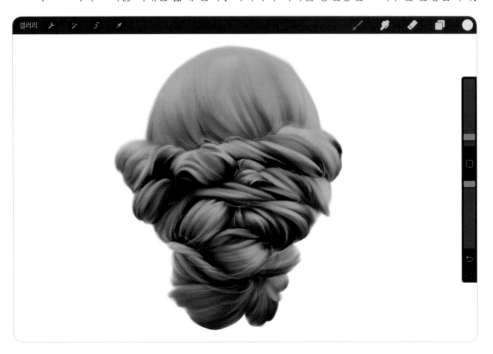

STEP 02 웨이브 머리카락 그리기

중구난방으로 꼬여 있는 파마머리를 그리려 할 때 어디서부터 어떻게 표현해야 할지 난감할 때가 있습니다. 이전 머리카락은 또렷하게 덩어리들이 보여서 형태를 나눠 표현하기 좋았지만, 이 머리카락은 눈에 띄는 큰 덩어리들이 보이지 않습니다. 뭔가 더 어려울 것 같은 이 머리카락도 충분히 그려낼 수 있습니다. 자연스러운 웨이브 머리카락과 햇빛에 비치는 머리카락 느낌까지 그려봅시다.

01 [스케치]-[HB 연필]을 이용해 긴 선으로 머리카락의 전체 큰 덩어리를 그려줍니다. 이 단계에선 웨이브 모양은 신경 쓰지 말고 전체 큰 흐름을 그려줍니다.

02 전체 머리카락 길이는 어깨선을 넘지만, 머리카락의 층이 많이 나눠져 있어서 머리카락들의 길이 자체는 짧습니다. 위에서부터 차근차근 머리카락의 방향을 그려줍니다. 모든 머리카락을 그려줄 필요는 없습니다. 잘 보이는 형태 위주로 그려줍니다.

03 배경이 될 새 [레이어2]를 만들어 스케치 [레이어1] 아래에 위치시킨 후, 고동색을 선택해 색상을 끌어와 색을 채워 줍니다.

04 새 [레이어3]을 만들어 스케치 [레이어1]과 배경 [레이어2] 사이에 놓습니다.

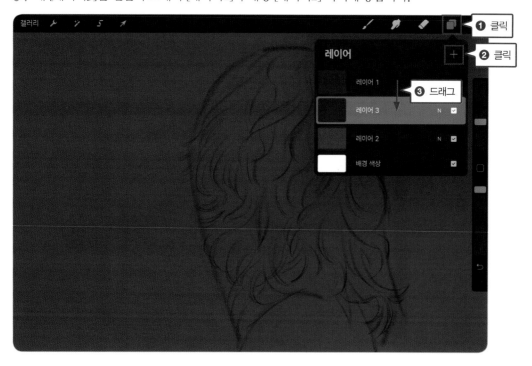

05 [브러시 라이브러리]에서 [에어브러시]−[미디움 하드 브러시]를 눌러 중간톤으로 머리카락 전체를 칠해 줍니다.

06 어두운 톤으로 웨이브 모양에 맞춰 어두움을 표현해 줍니다. 이 단계에선 대략 눈에 보이는 어두움만 칠 해 줍니다.

07 밝은 톤으로 머리카락의 웨이브 모양을 살려 밝은 면을 칠해 줍니다. 외곽의 밝음은 아직 표현하지 않습니다.

08 머리카락의 외곽을 채도가 살짝 높은 갈색으로 채색합니다. 손에 힘을 빼고 약하게 칠해 줍니다.

09 스케치 [레이어1]의 불투명도를 30%로 낮춰 준 후, 채색 [레이어2]와 병합해 줍니다. 그리고 스머지 브러시([에어브러시]–[미디움 하드 브러시])로 머릿결 방향대로 자연스럽게 블렌딩해 줍니다. 밖으로 삐져나간 스케치 선은 지우개로 지워 줍니다.

10 6번에서 칠한 어두운 컬러로 어두운 면을 조금 더 세밀하게 다듬어 표현해 줍니다. 어두움의 정리가 끝났다면 7번에서 칠한 밝음의 컬러로 밝은 머리카락을 다듬어 줍니다. 밑색이 어두워야 대비가 커져서 밝음이 잘 보입니다. 충분히 밝은 컬러로 표현했는데도 잘 보이지 않는다면 밑색 어두움을 조금 더 어둡게 칠해 줍니다. 이 단계에선 외곽의 머리카락보다 가운데 부분 표현에 집중해 줍니다.

11 새 [레이어4]를 만들고 [레이어4]의 N 버튼을 눌러 '곱하기' 모드로 설정해 줍니다. 고동색으로 머리카락 속 어두운 부분을 표현해 줍니다. '곱하기' 모드로 설정하고 어두움을 표현하면 그림이 보다 또렷하게 보입니다.

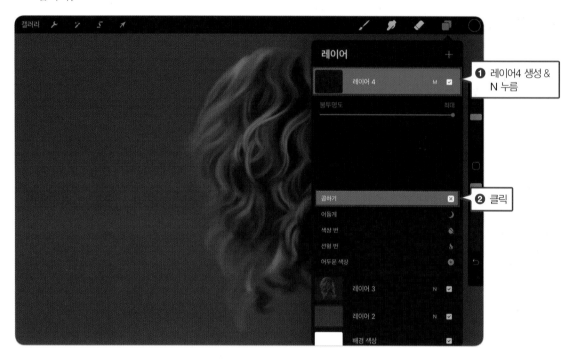

12 브러시 크기를 작게 해서 세밀한 머릿결을 표현해 줍니다. 손에 힘을 조금 빼고 외곽의 머릿결도 살짝 그려줍니다.

13 새 [레이어5]를 만들어 줍니다. 머리 윗부분과 좌측 상단의 미색으로 빛이 비치는 머리카락을 칠해 줍니다.

14 채도가 살짝 높은 밝은 황갈색으로 좌측 하단과 우측의 외곽 머리결을 그려줍니다.

15 외곽의 밝음을 표현한 [레이어5]의 N 버튼을 눌러 '추가' 모드로 설정해 줍니다.

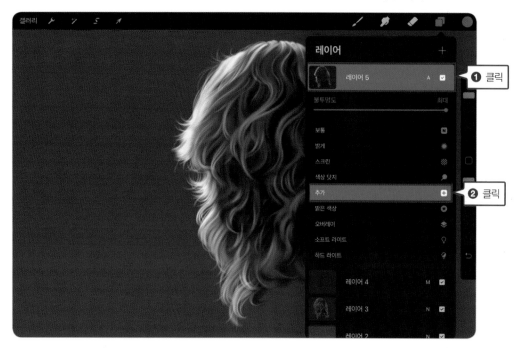

16 '추가' 모드는 광원효과를 표현해 줍니다. '추가' 모드 외로 [조정 툴]-[빛산란]으로도 광원효과를 표현할 수 있습니다. 하이라이트 부분을 레이어를 따로 나눠 표현했다면 '추가' 모드로, 원 레이어로 그린 그림이라면 [조정 툴]-[빛산란]-[펜슬모드]로 들어가 원하는 영역에 효과를 줘도 좋습니다. 두 가지 방법 모두 사용해 봅니다.

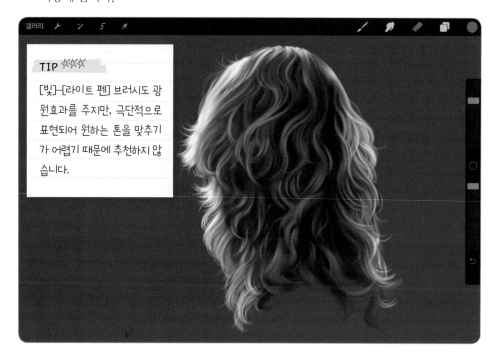

17 새 [레이어6]을 만들어 줍니다. 밝은 컬러로 중심의 밝은 머리카락을 표현해 주고 완성합니다.

인물화 그리기

인물 그림은 까다로운 그림입니다. 조금만 형태가 어긋나도, 조금만 채색을 잘못해도, 조금만 명암을 잘못 표현해도 인상이 크게 달라져 보입니다. 식물이나 동물의 그림보다 인물 그림은 조금만 어색해도 금방 알아챕니다. 그렇기에 많이 어렵고 까다로워 많은 연습이 필요합니다. 조급한 마음은 잠시 내려놓고 과정을 즐겨보면 좋겠습니다. 이 책에서 설명하는 실사화 과정이 여러분에게 좋은 길잡이가 될 것입니다.

STEP 01   종이 질감 브러시 만들기

프로크리에이트에서 다양한 종이 질감을 표현할 수 있는 브러시를 만들 수 있습니다. 종이 질감 브러시를 만들어 내가 그린 그림과 함께 표현한다면 실제 종이 위에 그린 것 같은 리얼한 효과를 줄 수 있습니다. 종이 질감 브러시를 만드는 방법을 배우고 적용해 봅시다.

01 [브러시 라이브러리]의 왼쪽 상단의 + 버튼을 눌러 브러시의 새 그룹을 생성해 줍니다.

02 새로 만든 브러시 그룹의 이름을 'paper'로 바꿔줍니다.

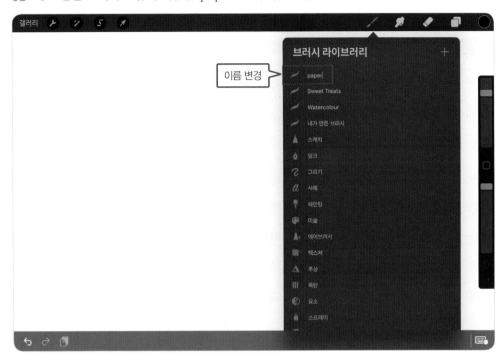

03 서예의 '두꺼운 모노라인' 브러시는 프로크리에이트가 업데이트되면서 최신 프로크리에이트 버전을 다운 받은 분들은 없을 수 있습니다.

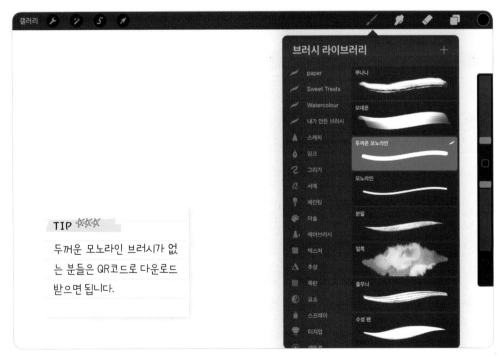

TIP ☆☆☆
두꺼운 모노라인 브러시가 없
는 분들은 QR코드로 다운로드
받으면 됩니다.

04 두꺼운 모노라인 브러시를 좌측 방향으로 밀어주면 공유, 복제, 삭제 버튼이 나옵니다. '복제'를 눌러줍니다.

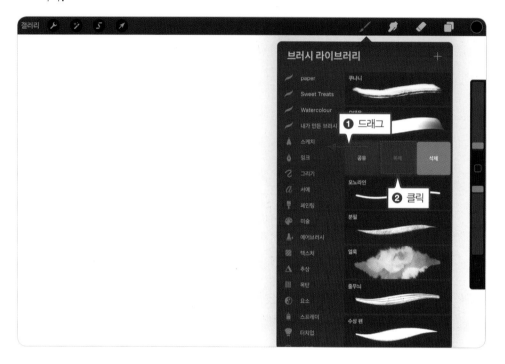

05 복제한 두꺼운 모노라인 브러시 위를 애플펜슬로 꾹 누르면 브러시의 위치를 옮길 수 있게 움직입니다. 그대로 떼지 않은 채 반대쪽 손으로 새로 만든 그룹인 paper를 눌러 그 안으로 복사한 두꺼운 모노라인 브러시를 옮겨줍니다.

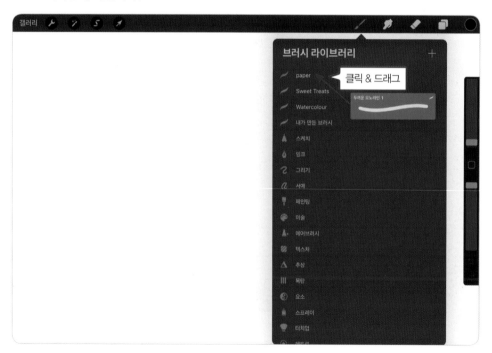

06 옮겨온 두꺼운 모노라인 브러시를 한 번 누르면 브러시 스튜디오가 열립니다. 좌측의 '그레인'을 선택해 줍니다.

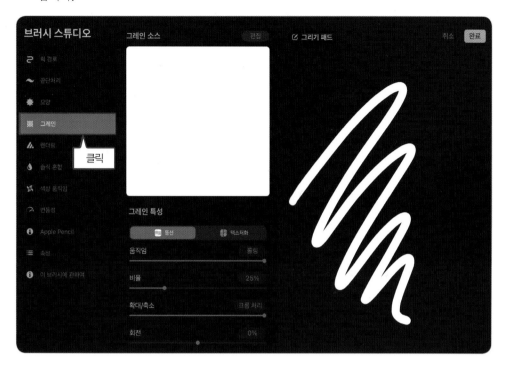

07 우측 상단의 [가져오기]에서 [소스 라이브러리]를 눌러줍니다.

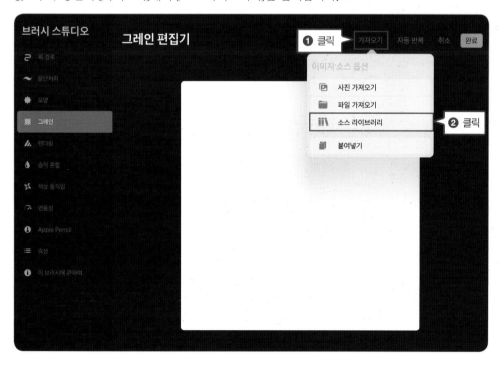

08 소스 라이브러리엔 브러시의 질감을 표현해 주는 모양들이 들어있습니다.

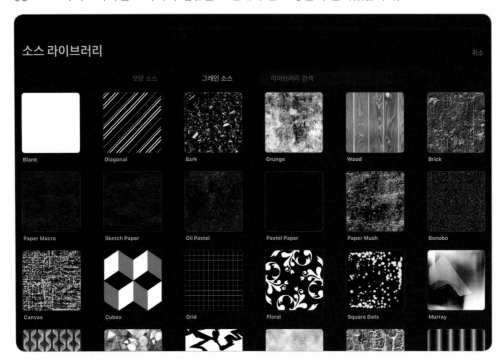

09 아래로 스크롤 하다보면 나오는 [Canvas 1]을 선택합니다.

10 사진처럼 [Canvas 1]의 질감이 선택된 것을 볼 수 있습니다. [완료] 버튼을 눌러줍니다.

11 그레인 소스엔 [Canvas 1]의 질감이 들어가 있고, 우측 그리기 패드에선 실제 질감을 확인할 수 있습니다.

12 좌측의 '속성'을 눌러 브러시 특성의 최대 크기를 가장 높게 올려주고, 우측 상단의 [완료] 버튼을 눌러줍니다.

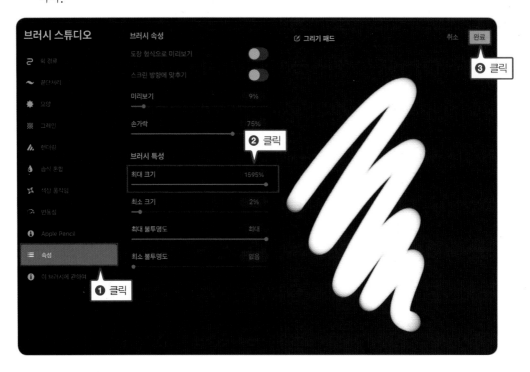

13 [색상] 탭에서 회색을 선택해 줍니다(여기서 명도는 사용해 보면서 취향에 맞게 조절해 사용합니다).

14 사이드 바에서 브러시 크기를 최대로 올려줍니다.

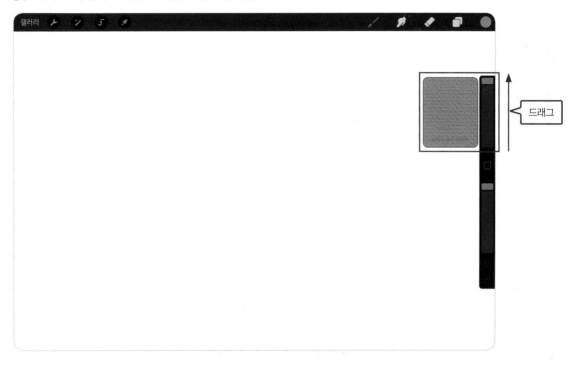

15 두 개의 손가락으로 오무려 캔버스 크기를 작게 만들어 준 후(p.28 제스처 참조), 캔버스 위에 방금 만든
종이 질감 브러시로 콕 찍어줍니다.

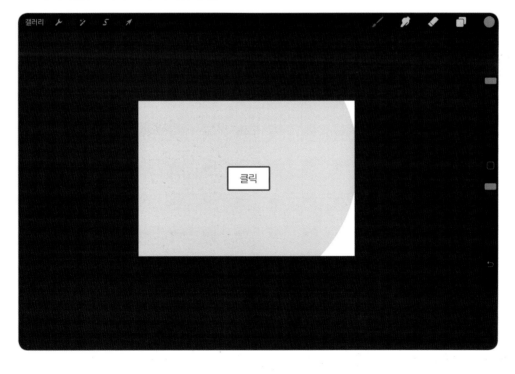

16 캔버스 크기가 크면 15번 사진처럼 귀퉁이가 칠해지지 않을 수 있습니다. 이럴 경우 [변형 툴]을 선택해서 사이즈를 크게 만들어 주면 됩니다.

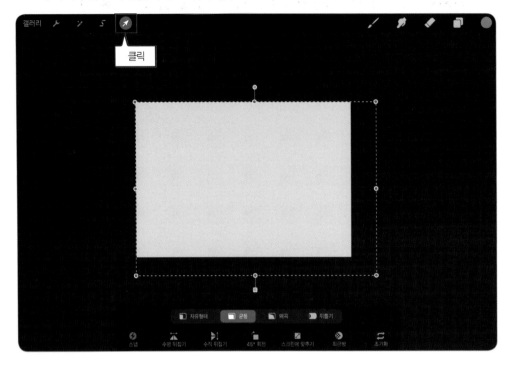

17 종이 질감을 입히고 싶은 그림 또는 글자를 종이 질감 [레이어1] 아래에 위치시킨 후, 종이 질감 레이어의 속성을 '곱하기'로 설정해 줍니다.

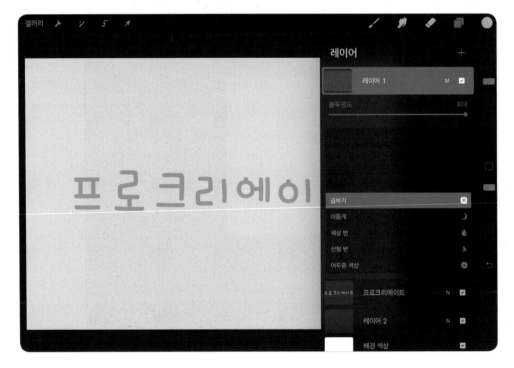

18 사진에서처럼 자연스럽게 종이 위에 글씨를 쓴 듯한 효과가 납니다. 종이 질감이 너무 도드라진다면 [종이 질감] 레이어의 불투명도를 살짝 낮춰 주면 되고, 종이가 너무 어둡다 싶으면 종이 질감 색상을 조금 더 밝은 회색으로 선택해 주면 됩니다. 프로크리에이트엔 [Canvas 1] 종이 질감뿐만 아니라 또 다른 모양의 종이 질감을 표현할 수 있으니 다양한 모양의 종이 질감 브러시를 만들어 봅니다.

STEP 02 　아기 얼굴 그리기

격자 스케치는 형태를 그리기 어려워하는 분들 외에 전문가들까지도 정확한 형태를 잡기 위해 자주 사용하는 방법입니다. 어디서부터 그려야 할지 잘 모르는 초심자들에게 강력히 추천합니다. 다만, 격자를 이용한 스케치를 할 때 시야각을 넓게 하고 진행하길 바랍니다. 격자 스케치는 스케치를 편하게 하기 위한 방법이 아닙니다. 시야를 넓게 보는 연습을 하면서 큰 형태를 보는 연습, 그리고 비교하는 연습도 할 수 있는 방법이니 작은 격자 칸을 하나씩 보며 그리지 말고 전체 형태를 보도록 노력하며 진행해 봅시다.

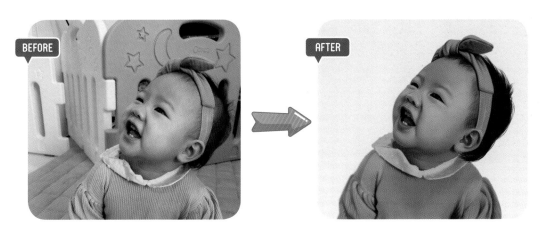

01 [동작 툴]-[추가]를 눌러 [사진 삽입하기]에서 그리려는 사진을 가져옵니다.

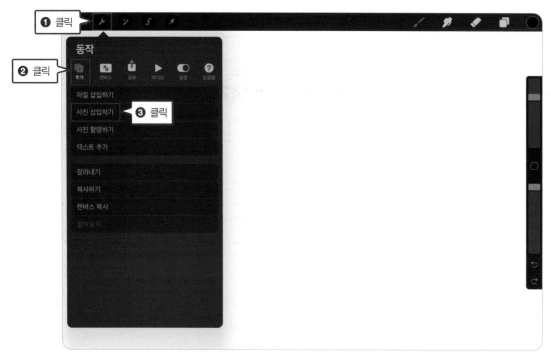

02 가져온 사진을 옆으로 옮겨놓고 [동작 툴]-[캔버스]에서 [그리기 가이드]를 활성화해 준 후, [편집 그리기 가이드]를 선택합니다.

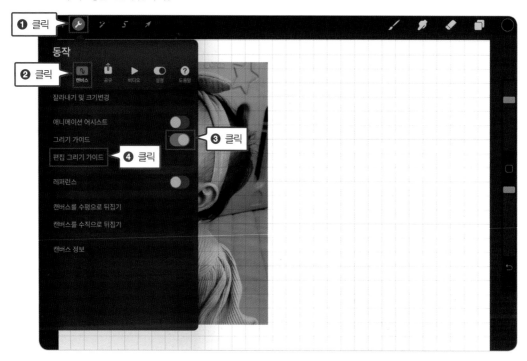

03 2D 격자를 선택한 상태에서 하단의 불투명도, 두께, 격자 크기의 슬라이더를 원하는 모양으로 맞춰 설정합니다. 격자 색을 바꾸고 싶다면 상단의 컬러 바에서 원하는 색을 선택하면 됩니다. 모두 맞췄다면 우측 상단의 [완료] 버튼을 누릅니다.

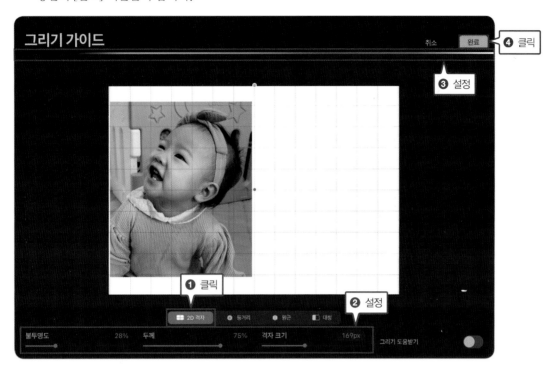

04 [레이어] 탭의 +를 눌러 새 [레이어2]를 만들어 줍니다.

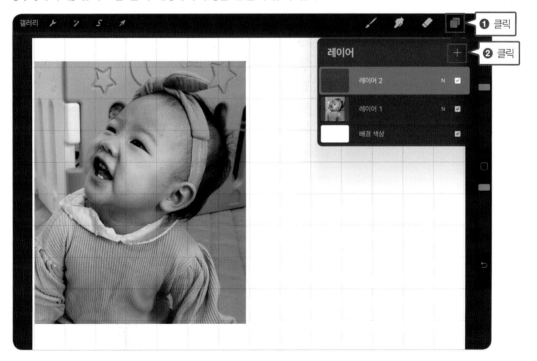

05 [HB 연필] 브러시를 이용해 긴 선으로 큰 형태의 위치를 체크합니다. 머리의 위치, 머리띠의 위치, 어깨의 위치, 눈, 코, 입의 위치를 격자 라인에 맞춰 체크를 해줍니다. 얼굴의 기울기와 어깨의 기울기도 위치를 잘 관찰하면서 그려줍니다.

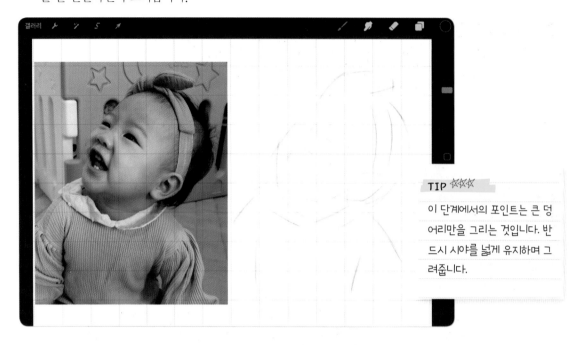

TIP ☆☆☆

이 단계에서의 포인트는 큰 덩어리만을 그리는 것입니다. 반드시 시야를 넓게 유지하며 그려줍니다.

06 대략적인 스케치를 한 [레이어2]의 불투명도를 20%로 낮춰 주고, 새 [레이어3]을 만들어 줍니다.

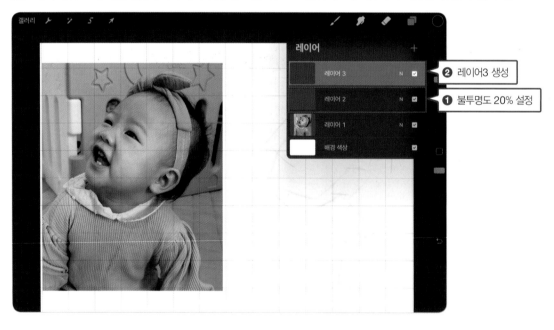

❷ 레이어3 생성

❶ 불투명도 20% 설정

07 [레이어2]의 형태를 기반 삼아서 디테일한 형태를 그려줍니다. 최대한 자세히 그려줍니다. 스케치를 자세히 그리면 그림 진행계획을 세우는 시간을 가질 수 있고, 무엇보다 채색할 때 훨씬 편합니다. 스케치만 보더라도 완성이 느껴질 수 있을 정도로 자세히 그려줍니다.

08 대략적인 형태를 그린 [레이어2]는 삭제해 주고, 스케치 [레이어3] 아래에 새 [레이어4]를 만들어 [에어브러시]-[미디움 하드 브러시]로 얼굴을 채색합니다. 얼굴 채색 [레이어4] 위에 새 [레이어5]를 만들어 옷을 채색하고, 그 위에 새 [레이어6]을 만들어 옷의 칼라를 채색해 줍니다. 다시 그 위에 새 [레이어7]을 만들어 머리카락을 채색해 주는데 앞머리 부분은 모발이 굉장히 얇으니 손에 힘을 빼고 채색해 줍니다. 사진 속의 뒷머리는 두피가 살짝 보이지만, 그림으론 머리카락으로 다 덮어서 표현해 줄 겁니다. 마지막으로 새 [레이어8]을 만들고 머리띠를 채색해 줍니다.

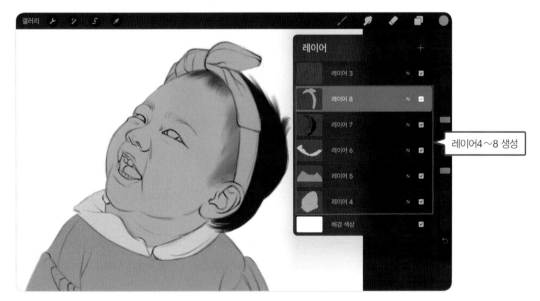

레이어4~8 생성

09 스케치 [레이어3]의 불투명도를 낮춰주고, 얼굴 채색 [레이어4]를 선택한 상태에서 얼굴의 조금 더 어두
운 면적을 채색해 줍니다. 밝음과 어둠의 면이 잘 구분되지 않는다면 눈을 흐릿하게 뜨고 사진을 봅니다.
명암이 보다 단순하게 보일 겁니다.

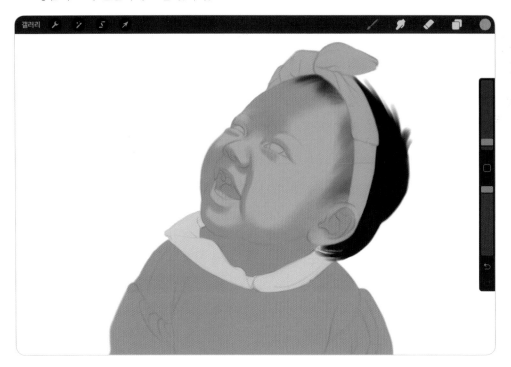

10 조금 더 어두운 톤으로 더 어두운 면을 채색해 줍니다.

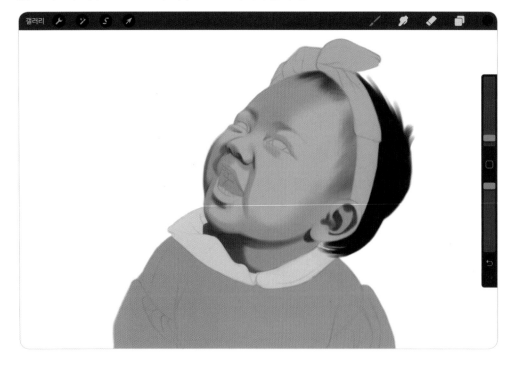

11 먼저 짙은 회색으로 우측 눈의 흰자를 채색해 줍니다. 검은색으로 눈의 형태를 그려주면서 눈동자를 채색해 줍니다. 짙은 고동색으로 콧구멍을 살짝 채색해 준 후, 입술을 채색합니다. 윗입술의 좌측 면은 더 어두운 색으로 채색해 주고 살짝 보이는 잇몸과 치아를 채색해 줍니다. 윗입술에 가려서 윗니가 아랫니에 비해 어둡습니다. 혓바닥을 채색해 준 후, 입속 안 어두움을 검은색으로 채색해 줍니다.

TIP ☆☆☆

아이들의 눈동자는 큰 편이라 웃을 때 흰자가 거의 보이지 않는 경우가 많습니다. 사진 속에서 우측 눈의 흰자는 살짝 보이지만, 좌측은 거의 보이지 않습니다. 보이지 않는 것은 굳이 상상해서 그리지 않아도 됩니다.

12 칼라를 그린 [레이어6]을 선택하고 칼라의 어두움을 채색해 줍니다. 좌측 칼라가 우측 칼라의 어두움에 비해 조금 밝고 채도가 높습니다.

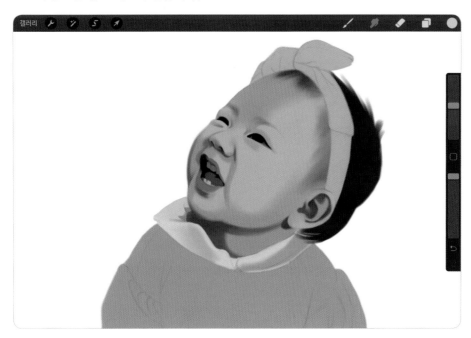

13 옷 채색 [레이어5]를 선택하고 옷 전체 색보다 조금 어두운 색으로 칼라 밑, 가슴 앞부분, 어깨, 겨드랑이 부분의 주름을 손에 힘을 빼고 은은하게 채색해 줍니다. 스머지 브러시와 함께 병행하며 자연스럽게 표현해 줍니다.

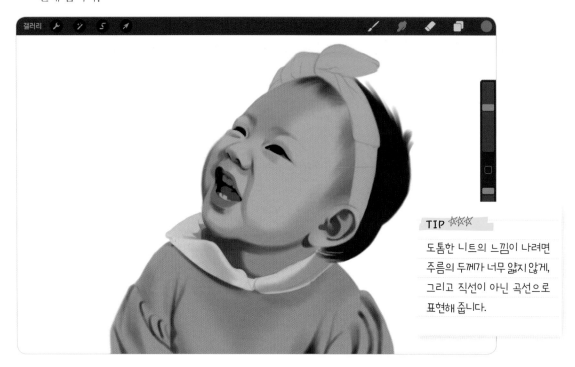

14 머리띠 채색 [레이어8]을 선택하고 리본의 어두움을 표현해 줍니다.

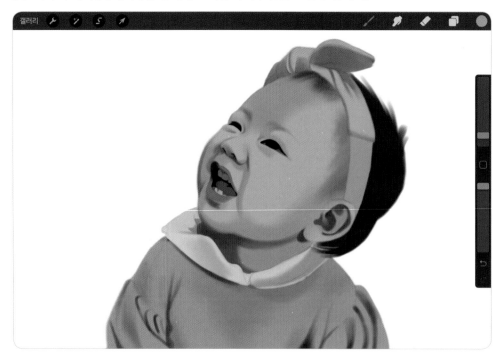

15 디테일하게 스케치한 [레이어3]을 숨겨줍니다. 옷 채색 [레이어5]를 선택하고 조금 밝은 톤으로 옷의 밝은 면을 채색해 줍니다. 밝은 면을 채색하면 조금 더 입체적으로 보입니다. 톤이 정리되면 사진을 잘 관찰하면서 옷의 주름을 보다 정확한 모양으로 그려줍니다. 얼굴 채색 [레이어4]를 선택하고 스머지 브러시로 부드럽게 블렌딩해 줍니다. 블렌딩 처리하다가 뿌옇게 된 부분이 있다면 다시 브러시로 또렷하게 그려줍니다. 목 부분도 잊지 말고 블렌딩해 줍니다. 머리띠 [레이어8]을 선택하고 조금 더 어두운 톤으로 주름을 그려주고 채색해 줍니다.

16 옷 채색 [레이어5]를 선택하고 옷의 골지 모양을 표현해 줍니다. 옷 전체 톤보다 살짝 어두운 톤으로 브러시 크기를 얇게 한 후, 손에 힘을 빼고 주름 모양에 맞춰 골지를 그려줍니다. 필압 조절이 어렵다면 브러시 불투명도를 조금 낮춰 준 후, 그려줘도 좋습니다. 어두운 영역은 그에 맞는 어두운 톤으로, 밝은 영역은 그 톤보다 살짝 어두운 톤으로 골지를 그려줘야 자연스럽습니다. 전체 골지무늬를 그려줬으면 이젠 밝은색으로 골지의 밝은 골지무늬를 그려줍니다. 어두운 색으로만 골지무늬를 그린 것보다 밝은 톤도 함께 있으면 조금 더 골지의 올록볼록한 느낌이 잘 살아납니다. 그런 후, 스머지 브러시로 골지 방향에 맞춰 살짝 블렌딩해 주면 보다 부드러운 느낌으로 표현됩니다.

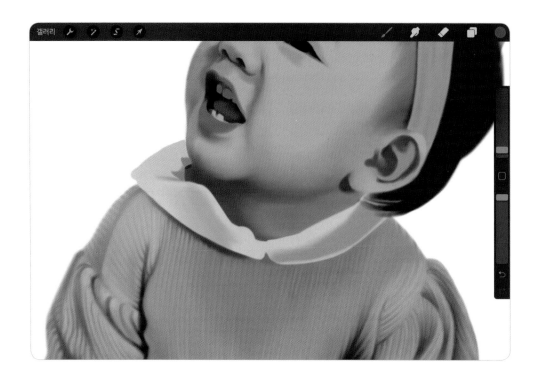

17 칼라 채색 [레이어6]을 선택하고 칼라의 명암을 채색 브러시와 스머지 브러시를 번갈아가며 표현하며 정리합니다. 칼라를 잘 보면 도트 모양의 원단이 입체적으로 보입니다. 칼라 밖으로 삐져나온 도트와 안쪽에 있는 도트를 표현해 줍니다.

TIP ☆☆☆

도트를 그릴 때 완벽한 동그라미로 그리지 말고 반쪽만 또는 외곽을 너무 또렷하지 않게 그려줘야 자연스럽습니다. 또한 덧대져 있어서 얇은 그림자가 보이는 경우가 있으니 살짝 어두운 톤으로 브러시를 최대한 얇게 조정한 후, 은은하게 그림자를 표현해 줍니다.

18 머리카락 [레이어7]을 선택하고 브러시를 최대한 얇게 한 후, 머리카락 결을 그려줍니다. 반곱슬이기 때문에 곡선을 이용해 자연스럽게 머릿결을 그려줍니다. 미디움 에어브러시 또는 앙고라─브러시를 얇게 해서 그려도 충분히 표현되지만, 어렵게 느껴진다면 [터치업]─[가는 머리칼 브러시]를 이용해 그려줘도 좋습니다. 뒷머리카락도 자연스럽게 그려줍니다. 그리고 머리띠 [레이어8]을 선택하고 미세한 주름들과 조금 더 강한 어두움, 은은하게 밝은 면을 표현해 줍니다.

19 얼굴 채색 [레이어4]를 선택하고 얼굴보다 약간 밝은 톤으로 브러시 크기를 적당히 크게 만들어서 손에 힘을 빼고 볼, 이마의 밝은 부분을 채색합니다. 경계가 지거나 자연스럽지 않다면 스머지 브러시도 함께 병행해 줍니다. 브러시 크기를 살짝 작게 만들고 눈두덩이, 애교살의 밝음, 눈썹 위의 작게 보이는 밝음, 인중, 콧대, 턱의 밝음을 채색합니다. 앞턱의 어두움보다 살짝 밝은 톤으로 얇은 반사광을, 목의 어두움 속에 살짝 보이는 반사광들도 은은하게 표현해 줍니다. 귀도 역시 밝은 면을 채색해 주면서 형태를 정리해 줍니다. 그런 후, 하얀색으로 브러시 크기를 작게 만들어 눈의 하이라이트, 코의 하이라이트를 표현해 주고 귀에서 살짝살짝 보이는 광택을 표현해 줍니다. 그리고 아랫입술 톤보다 살짝 밝은 톤으로 입술의 은은한 광을 그려줍니다.

TIP ☆☆☆

밝음을 채색해 주면 조금 더 그
림이 입체적으로 보이게 될 겁
니다. 동시에 부족한 어두움이
보일 수 있으니 조금씩 보완해
가면서 채색해 줍니다. 그림이
진행될수록 그림의 외곽도 신
경 써서 정리해 줘야 합니다.

20 다음과 같이 인물 채색이 완성되었습니다.

21 실제 종이 위에 그린 느낌을 내고 싶다면 종이 질감 브러시로 그림 위에 덮어주면 됩니다. 먼저 머리띠 채색 [레이어8] 위에 새 [레이어9]를 만들어 줍니다.

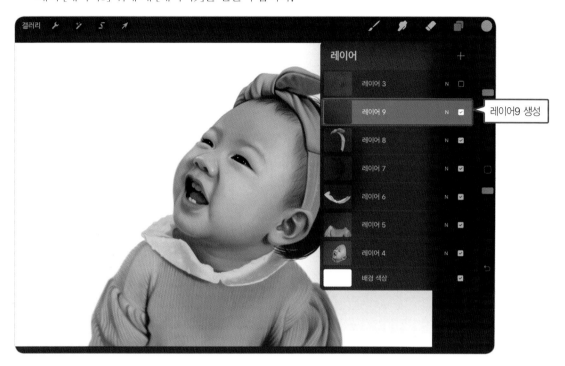

22 색상에서 적당한 회색을 선택합니다. 만들어 놓은 캔버스 종이 질감 브러시를 선택하고 브러시 크기를 최대로 올린 후, 캔버스 화면에 대고 콕 찍어줍니다(p.246 종이 질감 브러시 만들기 참조).

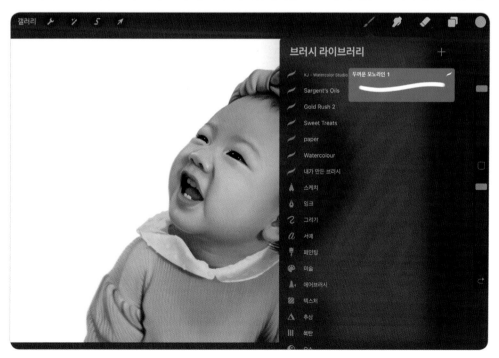

23 종이 질감 톤이 조금 어두운 듯해서 [레이어7]의 N 버튼을 눌러 불투명도를 80%로 낮춰 주고 '곱하기' 모드로 설정해 줍니다.

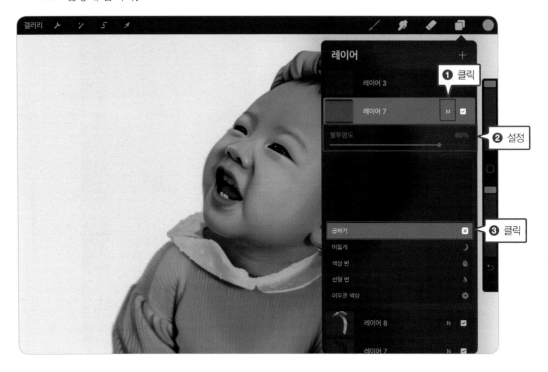

24 다음과 같이 완성되었습니다.

STEP 03 성인 여자 얼굴 그리기

성인 여자 얼굴을 그리는 방법을 알아봅시다.

01 스크린 크기의 캔버스를 만들고 [동작 툴]-[추가]를 눌러 그리고자 하는 사진을 불러옵니다. [동작 툴]-[캔버스]에서 [그리기 가이드]를 클릭해 활성화해 줍니다. 활성화하는 즉시 [편집 그리기 가이드]가 활성화되는 것을 확인할 수 있습니다.

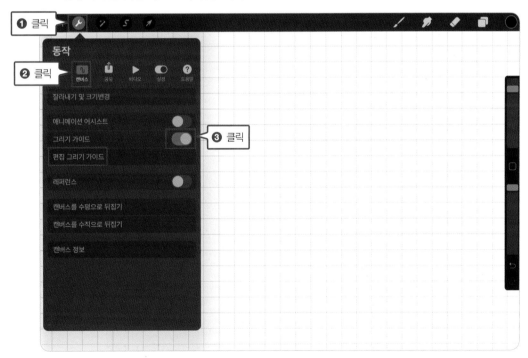

02 [편집 그리기 가이드]에서 원하는 사이즈의 격자 모양을 설정해 줍니다.

03 스케치에 사용할 브러시는 [앙고라–미리내 브러시]입니다.

04 새 [레이어2]를 만들고 격자를 기반으로 인물의 큰 형태를 긴 선으로 체크하며 그려줍니다.

05 스케치 [레이어2]의 N 버튼을 눌러 불투명도를 30%로 낮춰 주고, 그 위에 새 [레이어3]을 만들어 줍니다.

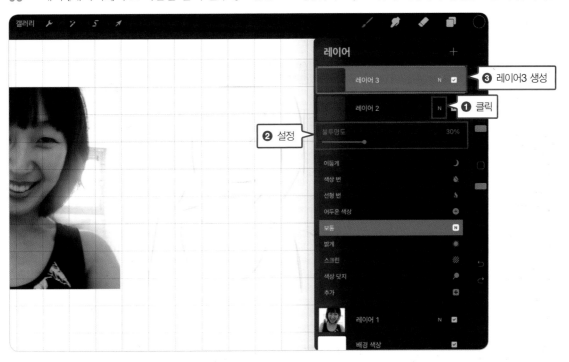

06 러프 스케치와 격자를 기반으로 디테일한 형태를 스케치합니다.

07 사진 [레이어1]과 러프 스케치를 한 [레이어2]를 삭제해 줍니다. 사진과 그림이 한 캔버스에 있어서 그림
이 작기 때문에 그림을 크게 키워주고 진행하겠습니다. 디테일 스케치 [레이어3]을 [변형 툴]에서 균등을
선택해 캔버스 크기에 맞춰 그림을 확대해 줍니다.

08 아이패드 화면분할 기능으로 옆에 사진을 놓고 채색 작업을 합니다.

TIP ☆☆☆

[동작 툴]-[캔버스]에서 레퍼런스를 활성화한 후, 이미지를 불러와 작업해도 좋습니다.

09 디테일 스케치 [레이어3] 아래에 새 [레이어4]를 만들어 줍니다.

10 미리내-앙고라 브러시로 피부의 적당한 중간톤을 피부 전체에 채색해 줍니다.

11 피부 채색 [레이어4] 위에 새 [레이어5]를 만들어 줍니다.

12 머리카락과 옷을 채색해 줍니다.

13 디테일 스케치 [레이어3]의 형태를 알아볼 수 있을 정도로 [레이어3]의 N 버튼을 눌러 불투명도를 49%
로 낮춰 줍니다.

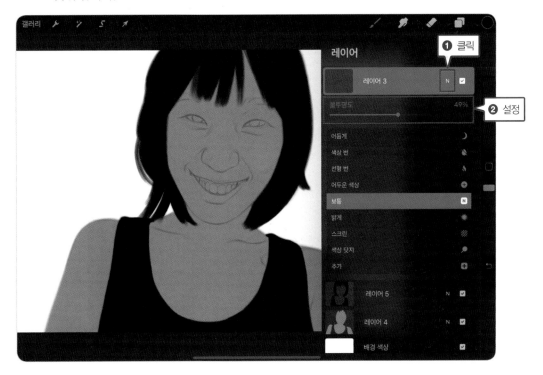

14 피부 채색 [레이어4]를 선택하고 어두운 면을 채색해 줍니다. 스머지 브러시 또는 앙고라–미리내 브러시를 이용합니다.

15 피부에서 밝게 보이는 면을 채색해 줍니다. 스머지 브러시를 적절히 사용해 자연스럽게 블렌딩해 줍니다.

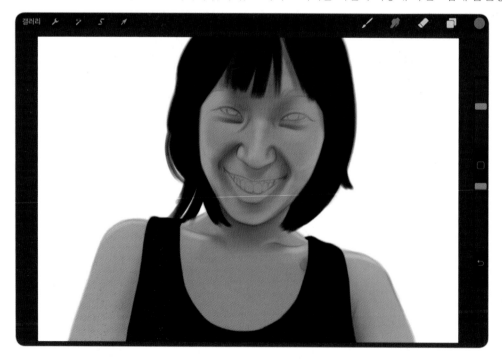

16 어두운 회색으로 눈의 흰자를 먼저 채색한 후, 검은색으로 아이라인과 눈동자를 채색해 줍니다. 입은 치아 – 잇몸 – 입술 – 아랫니의 어두움 – 입꼬리의 어두움 순으로 진행합니다. 치아는 앞니에서 양 옆으로 멀어질수록 약간 어둡게 채색해 줍니다. 아직은 치아 하나하나 구분 짓지 않습니다.

17 디테일 스케치 [레이어3]을 머리카락과 옷 [레이어5] 아래로 옮겨줍니다.

18 디테일 스케치 [레이어3]과 피부 채색 [레이어4]를 병합한 후, 조금 더 세밀한 명암표현을 해줍니다. 채색을 하면 스케치 선을 자연스럽게 없애면서 진행할 수 있습니다.

19 머리카락과 옷 [레이어5]를 선택해서 머리카락과 옷의 밝음을 은은하게 표현해 준 후, 피부 채색 [레이어4] 아래에 새 [레이어6]을 만들어 줍니다.

20 원하는 색을 선택하고 [레이어6]에 컬러드롭으로 색을 채워 줍니다.

21 머리카락과 옷 [레이어5]를 선택해서 브러시 크기를 작게 만들어 머리카락과 옷의 디테일 표현을 해줍니다. 피부 채색 [레이어4]를 선택하고 목, 승모근, 쇄골, 어깨 팔을 조금 더 디테일하게 표현합니다. 얼굴보다 약간 뒤쪽에 위치한 몸은 너무 또렷하지 않게 표현해 주는 것이 좋습니다. 외곽 또한 은은하게 표현해 줍니다.

22 피부 채색 [레이어4] 위에 새 [레이어7]을 만들고 '곱하기' 모드로 바꿔 줍니다.

23 조금 더 또렷한 명암표현을 위해 얼굴 형태의 강약과 조금 더 세밀하게 명암표현을 해줍니다. 눈썹 결을 보다 정확하게 하고 깊이 있는 눈매 표현을 위해 윗꺼풀의 아이라인을 한 번 더 채색해 주면서 눈의 그림자도 살짝 채색해 줍니다. 자연스러운 곡선으로 속눈썹도 그려줍니다. 애교살은 선이 아닌, 면으로 구분해주려 노력하며 채색해 줍니다.

TIP ☆☆☆

웃으며 생긴 팔자주름 또한 선이 아닌, 면으로 접근해야 자연스럽게 표현됩니다. 주름의 강약이 어디에 위치해 있는지 잘 관찰하며 진행합니다.
치아는 윗니와 아랫니 사이의 관계를 또렷하게 구분해도 괜찮지만, 붙어있는 치아끼리는 반드시 은은하게 표현해 줘야 자연스럽습니다. 잇몸과 치아의 구분 또한 은은하게 표현해 줍니다.

24 [레이어7]을 눌러 나타나는 세부 메뉴에서 [아래 레이어와 병합]을 클릭합니다. 피부 채색 [레이어4]와 병합되었습니다.

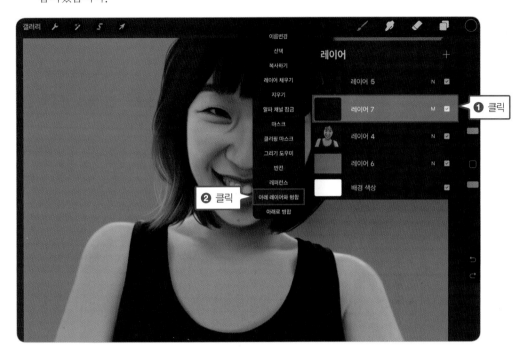

25 머리카락과 옷 [레이어5] 위에 새 [레이어7]을 만들고 N 버튼을 눌러 '곱하기' 모드로 만들어 줍니다.

TIP ☆☆☆

곱하기 모드로 바뀌면 레이어 체크박스 옆에 M으로 표기됩니다.

26 '곱하기' 모드로 설정된 [레이어7]에서 브러시 크기를 작게 해 머릿결을 그려줍니다. 머릿결을 다 그려줬
다면 [레이어5]와 병합해 줍니다.

27 [레이어4]를 선택하고 코끝과 양쪽 볼에 혈색이 돋보일 수 있게 피부 컬러보다 채도가 높은 컬러로 은은
하게 채색해 줍니다. 그리고 얼굴의 하이라이트를 표현해 줍니다. 눈의 하이라이트를 먼저 은은하게 채
색해 준 후, 브러시 크기를 조금 더 작게 만들어 한 번 더 강하게 채색해 줍니다.

TIP ☆☆☆

한 번에 하이라이트를 표현하
는 것과 은은한 하이라이트의
표현의 차이를 느껴봅니다. 광
대와 코의 하이라이트는 스머
지 브러시를 함께 사용해서 은
은하고 고급스러운 광을 표현
합니다.

28 다음과 같이 인물 채색이 완성되었습니다.

29 조금 더 드라마틱한 배경 표현을 해보겠습니다. 맨 위에 새 [레이어7]을 만들고 N 버튼을 눌러 '추가' 모드로 설정해 줍니다.

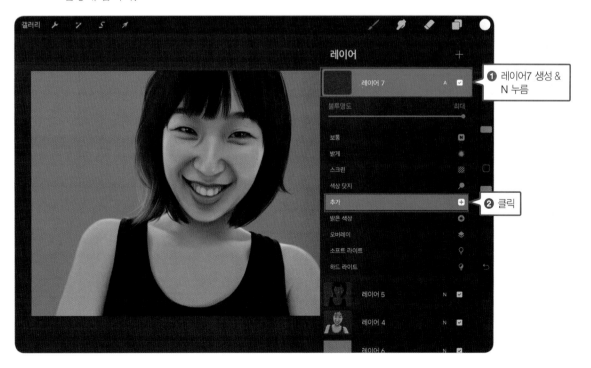

30 [에어브러시]−[하드 혼합] 브러시를 선택합니다.

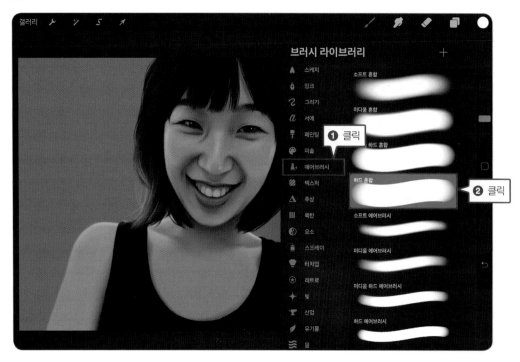

31 브러시 크기를 크게 해놓고 우측 볼과 머리카락 부분과 왼쪽 어깨 위, 좌측 배경 상단 부분을 은은하고 밝게 표현해 줍니다. 그리고 브러시 크기를 작게 줄여서 은은한 원을 다양한 사이즈로 그려줍니다.

32 [빛]-[보케] 브러시를 선택합니다.

33 브러시 크기를 조절하며 원하는 부분에 콕콕 찍어줍니다.

34 그림과 같이 완성되었습니다.

STEP 04 가족 그리기

가족을 그리는 방법을 알아봅시다.

01 스크린 크기의 캔버스를 만들고 [동작 툴]-[추가]를 눌러 그리고자 하는 사진을 불러옵니다. [동작 툴]-[캔버스]에서 [그리기 가이드]를 활성화해 준 후, [편집 그리기 가이드]에 들어가 원하는 사이즈의 격자 모양을 설정해 줍니다.

02 캔버스에 사진을 놓고 그리기 불편하다면 그릴 사진에 격자를 넣어 만들어 주고 사진과 같은 비율의 격
자를 캔버스에 적용해 놓은 후, 화면분할 기능으로 관찰하며 그려도 됩니다(도구의 캔버스에서 레퍼런스
를 켜고 이미지를 불러와 작업해도 좋습니다).

03 [앙고라-미리내 브러시]를 선택합니다. 브러시 크기를 작게 설정한 후, 격자를 기반으로 큰 형태를 먼저 그려줍니다. 이때 선을 길게 사용해야 합니다.

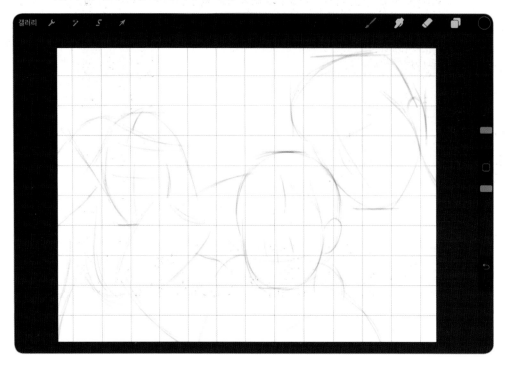

04 러프 스케치를 한 [레이어1]의 N 버튼을 눌러 불투명도를 알아볼 수 있을 정도(54%)로 낮춰 주고, 그 위에 새 [레이어2]를 만들어 줍니다.

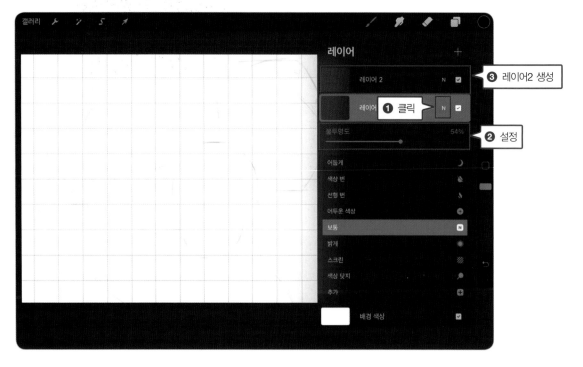

05 새로 만든 [레이어2]에 러프 스케치와 격자를 기반으로 디테일한 스케치를 해줍니다. 형태뿐만 아니라
   밝음의 위치와 어두움의 모양을 함께 그려주면 좋습니다.

06 러프 스케치를 한 [레이어1]을 선택해 왼쪽으로 밀어준 후, '삭제'를 누릅니다.

07 채색도 [앙고라-미리내 브러시]로 진행합니다. [레이어1]의 이름을 [스케치]로 바꿔 주고, [스케치] 레이어 아래 [아이 얼굴] 레이어를 새로 만들어 아이 얼굴을 채색해 줍니다. [아이 얼굴] 레이어 아래에 [성인 얼굴] 레이어를 만들어 좌측과 우측의 성인 얼굴을 채색해 줍니다.

TIP ☆☆☆

레이어 이름 변경 방법 : 레이어를 누르면 좌측에 메뉴가 나옵니다. 상단의 '이름변경'을 눌러 변경해 주면 됩니다. 레이어 분할을 많이 하고 채색할 것이기 때문에 레이어 이름을 그림에 맞게 변경해 주며 진행하면 더 좋습니다.

08 [아이 얼굴] 레이어 위에 새 레이어를 만들고 레이어 이름을 [아이 옷]으로 바꿔 줍니다.

09 중간톤으로 보이는 적당한 컬러로 아이 옷을 채색해 준 후, [성인 얼굴] 레이어 위에 새 레이어를 만들고 레이어 이름을 [성인 옷]으로 바꿔 줍니다.

10 중간톤으로 보이는 적당한 컬러로 양쪽 성인의 옷을 채색해 줍니다.

11 [아이 얼굴] 레이어 위에 새 레이어를 만들고 레이어 이름을 [아이 머리카락]으로 바꿔 줍니다.

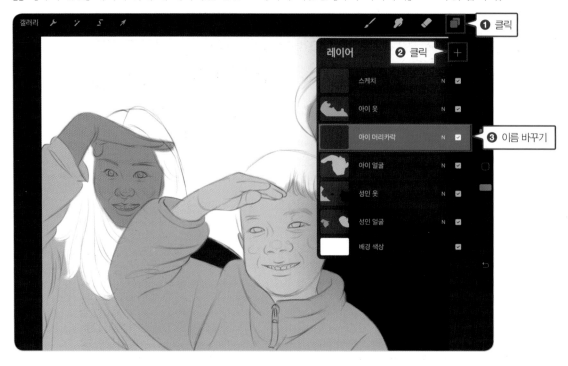

12 아이의 머리카락을 채색해 줍니다.

13 [성인 얼굴] 레이어 위에 새 레이어를 만들고 레이어 이름을 [성인 머리카락]으로 바꿔 줍니다.

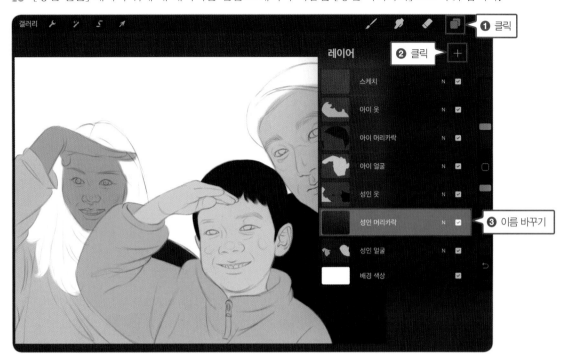

14 중간톤으로 보이는 컬러로 성인의 머리카락을 채색해 줍니다. 우측 남성의 모자도 함께 채색해 줬습니다.

15 [아이 얼굴] 레이어를 선택하고 어두운 면을 찾아 채색해 줍니다. 손의 어두움도 빠짐없이 채색해 줍니다.

16 [성인 얼굴] 레이어를 선택하고 성인 얼굴의 어두운 면을 채색해 줍니다. 좌측의 여성은 손으로 이마 위를 가려서 그림자가 크게 지는데다가 약간 뒤에 있어서 조금 더 어둡습니다.

17 [아이 옷] 레이어를 선택하고 아이 옷의 어두운 부분을 채색해 줍니다.

18 [성인 옷] 레이어를 선택하고 좌측 여성의 어두운 면을 채색해 줍니다. 우측 남성은 밑색을 검은색으로 채색했기 때문에 조금 더 밝은 톤으로 주름을 표현해 줍니다.

19 [아이 머리카락] 레이어를 선택하고 머리카락의 밝은 면을 채색해 줍니다. 이 단계에선 대략적으로 머리카락이 흐르는 방향만 잘 관찰해 그려줍니다.

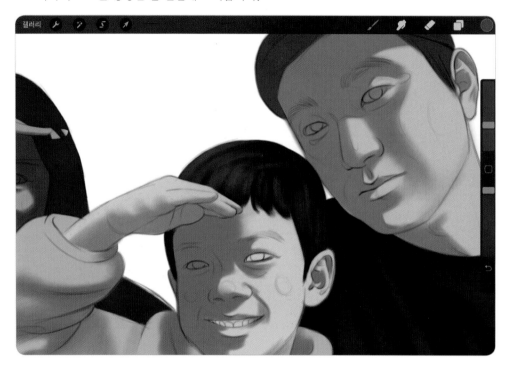

20 [성인 머리카락] 레이어를 선택하고 머리카락의 밝은 면을 찾아 흐름만 표현해 줍니다. 우측 남성은 모자의 밝은 부분도 함께 채색해 줍니다.

21 [스케치] 레이어의 N 버튼을 눌러 알아볼 수 있을 정도까지만 불투명도를 낮춰 줍니다. 여기선 59%로 설정했습니다.

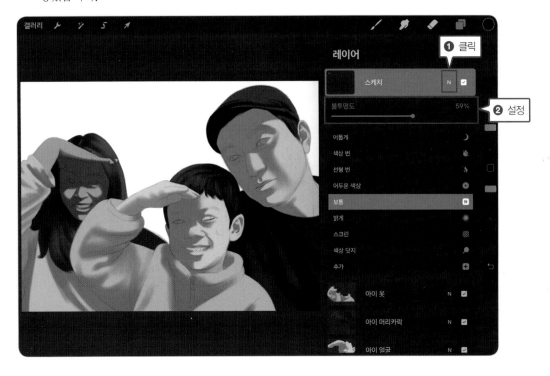

22 [아이 옷] 레이어를 선택하고 옷의 밝은 면을 채색해 줍니다. 밝음의 톤이 위치마다 다르기 때문에 사진을 잘 관찰해 가며 톤 차이를 줍니다.

23 [성인 옷] 레이어를 선택하고 좌측 여성 옷의 밝은 면을 찾아 채색해 줍니다. 우측 남성의 옷은 채색 브러시([앙고라−미리내 브러시])와 스머지 브러시([앙고라−미리내 브러시])를 이용해서 조금 더 유연한 주름의 모양을 표현해 줍니다.

24 [아이 얼굴] 레이어를 선택하고 조금 더 어두운 면을 찾아 채색해 줍니다. 턱과 목의 어두움을 제대로 강하게 표현해 주고, 손바닥의 어두움, 눈썹, 콧대와 콧구멍, 입꼬리, 귀의 어두움을 표현해 줍니다. 어두움은 정확한 위치에 제대로 표현해 준다면 전혀 그림이 어두워지지 않습니다.

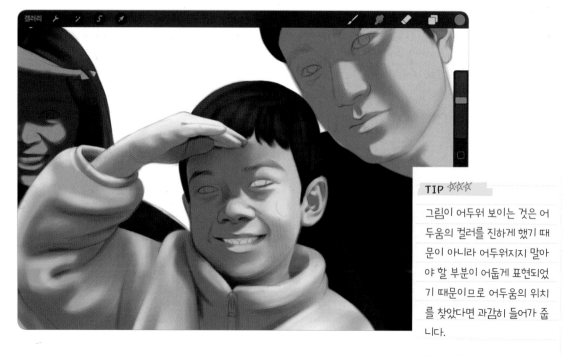

> **TIP** ☆☆☆
>
> 그림이 어두워 보이는 것은 어두움의 컬러를 진하게 했기 때문이 아니라 어두워지지 말아야 할 부분이 어둡게 표현되었기 때문이므로 어두움의 위치를 찾았다면 과감히 들어가 줍니다.

25 [성인 얼굴] 레이어를 선택하고 얼굴의 어두운 면을 찾아 채색해 줍니다. 애플펜슬의 필압 조절로 충분히 부드럽게 표현이 가능하지만, 조절이 어렵다면 스머지 브러시를 함께 사용하면서 블렌딩해 줍니다.

26 [아이 얼굴] 레이어를 선택하고 눈, 코, 입을 채색해 줍니다.

27 [성인 얼굴] 레이어를 선택하고 눈, 코, 입을 채색해 줍니다.

28 [스케치] 레이어는 체크 표시를 해제하여 숨김으로 해주고 [아이 얼굴] 레이어와 [아이 옷] 레이어, [아이 머리카락] 레이어를 병합하고, [성인 얼굴] 레이어와 [성인 옷] 레이어, [성인 머리카락] 레이어를 병합해 줍니다.

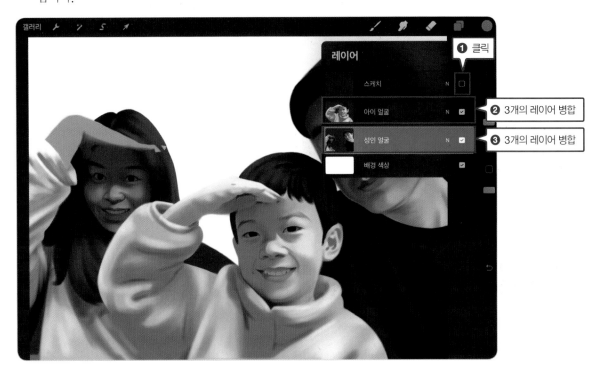

29 병합한 [성인 얼굴] 레이어를 선택하고 조금 더 디테일한 얼굴을 표현해 줍니다.

30 좌측의 여성도 얼굴, 머리카락, 옷을 조금 더 디테일하게 표현해 줍니다. 여성의 손은 사진상에선 윗면이 상당히 밝지만, 이 그림의 배경을 하얀색으로 진행할 것이기 때문에 사진보다 조금 어둡게 표현했습니다.

31 [아이 얼굴] 레이어를 선택하고 얼굴, 머리카락, 손의 디테일 표현을 해줍니다. 어느 정도 표현이 되었다면 옷의 질감표현을 해줍니다. 보이는 모든 질감을 표현하는 것보다 어두운 안쪽은 살짝 언뜻언뜻 보이는 정도로만 해주고 밝은 면의 질감표현에 집중해 표현해 주는 것이 옷의 덩어리감이 쉽게 무너지지 않게 표현할 수 있어서 더 편합니다. 물론, 테크닉이 좋다면 모두 표현해 줘도 좋습니다. 양털의 방향을 잘 관찰하고, 양털 재킷의 지퍼 부분도 꼼꼼히 표현해 줍니다.

32 [아이 얼굴] 레이어를 눌러 나타나는 세부 메뉴에서 [아래 레이어와 병합]을 클릭합니다. [성인 얼굴] 레이어와 병합됩니다. 병합하는 이유는 이제부터 한 개의 레이어로 관리하며 조금 더 디테일한 표현을 하기 위함입니다.

33 병합한 레이어 위에 새 [레이어3]을 만들고 '곱하기' 모드로 설정해 줍니다.

34 '곱하기' 모드로 설정한 [레이어3]에서 조금 더 강한 어두움을 표현해 줍니다. 이목구비의 강약표현을 해 줌으로써 보다 또렷한 얼굴을 표현해 줍니다. 머리카락의 흐름과 옷 주름의 강약도 빠짐없이 표현해 줍니다.

35 [레이어3]을 눌러 나타나는 세부 메뉴에서 [아래 레이어와 병합]을 클릭합니다. 아래 [성인 얼굴] 레이어와 병합됩니다.

36 얼굴의 하이라이트 표현을 해줍니다. 눈동자의 하이라이트는 사진에서 보이는 것보다 아주 약간 강조해
주면 조금 더 생동감이 생깁니다.

37 다음과 같이 완성되었습니다.

STEP 05 커플 그리기

커플을 그리는 방법을 알아봅시다.

01 [동작 툴]-[추가]-[사진 삽입하기]를 눌러서 그림을 그릴 사진을 가져옵니다. [동작 툴]-[캔버스]-[그리기 가이드]를 활성화한 후, [편집 그리기 가이드]에서 그리기 편한 크기의 격자를 설정해 줍니다.

02 스케치를 그리기 위해 새 [레이어2]를 만들어 줍니다.

03 크게 보이는 형태의 위치를 긴 선으로 잡아줍니다.

04 대략적으로 그린 스케치 [레이어2]의 불투명도를 조금 낮춰 주고 새 [레이어3]을 만든 후, 디테일한 형태를 그려줍니다.

05 대략적으로 그린 [레이어2]는 체크 해제하여 숨김으로 해놓고 디테일한 스케치 [레이어3]을 선택한 후, [변형 툴]로 캔버스 크기에 맞춰 그림을 확대해 줍니다. 새 [레이어4]를 만들고 디테일한 스케치를 한 [레이어3] 아래에 놓습니다.

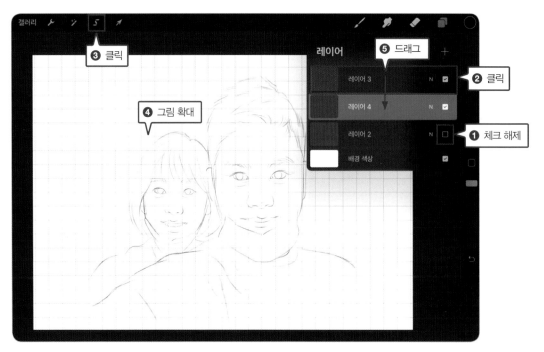

06 [레이어4]에 적당한 중간톤을 골라 남자 얼굴의 피부를 채색해 줍니다. 새 [레이어5]를 만들고 남자 얼굴
채색 [레이어4] 아래에 놓습니다.

07 [레이어5]에 적당한 중간톤으로 여자 얼굴의 피부를 채색해 줍니다.

08 새 [레이어6]을 만들어 남자 얼굴 채색 [레이어4] 위에 놓습니다.

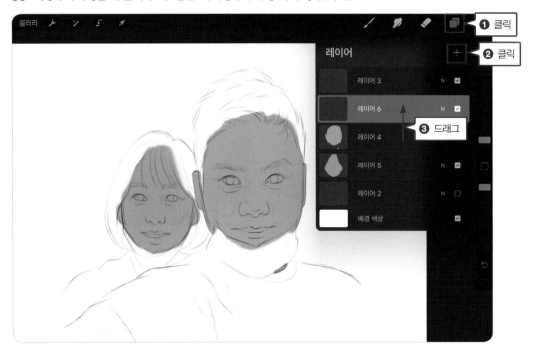

09 [레이어6]에 남자의 머리카락과 마스크, 옷을 채색해 줍니다.

10 새 [레이어7]을 만들어 여자 얼굴 채색 [레이어5] 위에 놓습니다.

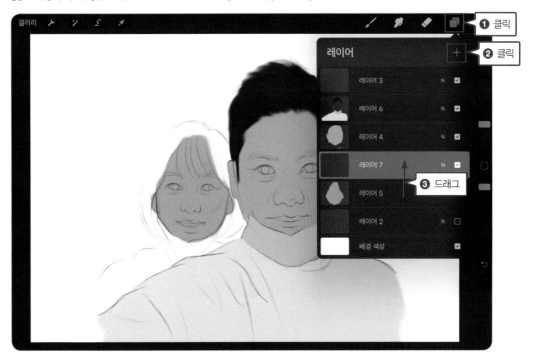

11 [레이어7]에 여자의 머리카락과 마스크, 옷을 칠해 줍니다. 여자 얼굴 채색 [레이어5]를 선택하고 목을 채색해 줍니다.

12 남자 얼굴 채색 [레이어4]를 선택해 얼굴의 어두운 면을 찾아 채색하고, 여자 얼굴 채색 [레이어5]를 선택해 얼굴의 어두운 면을 채색해 줍니다.

TIP ★★☆

그림을 잘 보면 어두운 면을 찾아 채색했지만, 위치마다 톤이 조금씩 다르단 걸 알 수 있을 겁니다. 어두움을 크게 잡는 단계이긴 하지만, 위치에 따라 조금씩 다른 톤들을 잘 관찰하며 표현해 주면 그림이 훨씬 풍부해지고 그 다음 단계 진행이 더 수월해집니다.

13 남자의 머리카락과 마스크, 옷을 칠한 [레이어6]을 선택해 옷의 주름에 따라 보이는 어두움을 채색해 줍니다. 여자도 마찬가지로 [레이어7]을 선택해 어두움을 채색해 줍니다.

14 남자 얼굴 채색 [레이어4]를 선택하고 눈, 코, 입을 표현해 줍니다. 여자도 마찬가지로 표현해 줍니다(레이어를 서로 나눈 상태이므로 채색할 때 레이어를 잘 확인하고 채색해 줍니다).

15 남자를 그린 레이어와 여자를 그린 레이어끼리 서로 병합해 준 후, 디테일한 스케치 [레이어3]의 불투명도를 알아볼 수 있을 정도(30%)까지만 낮춰 줍니다.

16 얼굴은 조금 더 디테일한 묘사를 해줍니다. 남자 머리카락은 조금 더 어두운 톤으로 어둡게 보이는 면을 머리카락 방향에 맞춰 그려줍니다. 옷은 밝은 면을 찾아 채색해 주고, 스케치 [레이어3]은 숨깁니다.

17 여자 얼굴의 밝은 면을 찾아 채색해 주고 머리카락의 밝게 보이는 부분도 찾아 채색해 줍니다.

18 앞에 나와 있는 남자부터 조금 더 디테일한 표현을 해줍니다. 브러시 크기를 작게 해 가장 어두운 색으로 머리카락의 방향과 모양을 관찰하며 그려주고, 가장 밝게 보이는 컬러를 선택해 머리카락의 밝은 면을 표현해 줍니다. 머리카락은 어두움부터 시작해 밝음으로 진행하는 것이 조금은 더 편합니다. 밝음, 중간, 어두움을 대략적으로 나눈 얼굴 피부 표현도 스머지 브러시를 적절히 함께 사용하면서 자연스럽게 표현해 줍니다. 어둡게 보이는 부분은 과감히 어둡게 표현하고, 웃으며 생기는 근육의 모양을 잘 관찰하며 채색해 줍니다. 마스크는 밝음과 어두움의 면이 적절히 표현되었다면 아주 약간 어두운 회색으로 브러시 크기를 아주 작게 해서 박음질을 그려줍니다. 작은 부분이지만, 작은 디테일이 탄탄한 밀도를 만들어 줍니다. 세밀한 표현은 반드시 양감이 제대로 표현된 형태 위에 해줘야 제대로 표현이 됩니다.

TIP ☆☆☆

옷 주름은 옷의 재질에 따라 표현방식이 다릅니다. 해당 옷은 면으로 부드럽게 주름져 있습니다. 때문에 주름의 적당한 중간톤과 부드러운 느낌을 위해 자연스러운 블렌딩은 필수입니다.
얇은 주름은 중간톤도 얇게, 두껍게 주름져 있는 부분은 중간톤도 두껍습니다. 밝음, 중간, 어두움의 대비가 너무 크지 않게 은은한 명암으로 주름을 표현해 줍니다.

19 여자 채색 [레이어5]를 선택하고 머리카락의 흐르는 방향을 잘 살펴 디테일을 표현해 줍니다. 남자보다 여자가 조금 더 뒤에 있기 때문에 하얀 마스크이지만, 남자의 마스크 컬러보다 밝지 않게 조심하며 표현해 줍니다.

20 남자 채색 [레이어4]와 여자 채색 [레이어5]를 병합해 준 후, 병합된 [레이어5] 위에 새 [레이어6]을 만들어 줍니다.

21 새로 만든 [레이어6]을 '곱하기' 모드로 설정해 줍니다.

22 '곱하기' 모드로 설정한 [레이어6]에서 해당 인물들의 어둡게 보이는 부분, 강조해 주고 싶은 부분에 채색
을 해줍니다.

23 [레이어6] 위에 새 [레이어7]을 만들어 줍니다.

24 얼굴의 하이라이트를 표현해 주면 완성됩니다.

MEMO

PART

04

어도비 프레스코로
인물 그리기

 어도비 프레스코의 라이브 유화 브러시를 이용해 인물을 그리는 방법을 알아보겠습니다. 유화 그림을 그리는 데는 많은 재료들이 필요하지 않습니다. 아이패드와 펜, 어도비 프레스코 어플만 있으면 무한정으로 멋진 작품을 그려낼 수 있습니다. 그림을 그리기 전 알아야 할 기본 툴을 숙지하고 인물 그림을 그려봅시다.

CHAPTER 01 어도비 프레스코 사용 툴 소개

어도비 프레스코는 개발의 출발지점이 포토샵이기 때문에 기존 어도비 포토샵과 어도비 일러스트를 다룬 사용자에게는 낯설지 않을 것입니다. 하지만 워낙 직관적이고 심플하게 만들어졌기 때문에 한 번도 사용해 본 적 없는 분들에게도 편한 어플입니다. 이번 장에선 어도비 프레스코의 간단한 드로잉 툴들을 살펴보겠습니다.

STEP 01   어도비 프레스코 홈 화면 알아보기

어도비 프레스코의 홈 화면에선 내가 그린 그림 작업물들을 관리하고 프레스코의 기능들을 학습할 수 있습니다. 어떤 기능들이 있는지 알아봅시다.

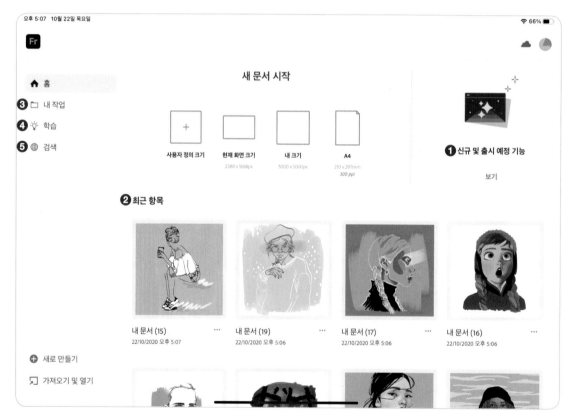

❶ **신규 및 출시 예정 기능** : 어도비의 출시 예정 기능들을 소개합니다.

❷ **최근 항목** : 최근에 내가 그린 작업물들이 있습니다. 파일명 옆의 …을 누르면 파일 이름 변경, 내보내기,

삭제, 공유 등을 할 수 있습니다.

❸ **내 작업** : 클라우드 문서를 통해 PC에서 작업한 포토샵이나 일러스트를 연동해서 작업할 수 있습니다. 실수로 그림 파일을 삭제했더라도 '삭제된 항목'에서 다시 복원할 수 있습니다.

❹ **학습** : 어도비 프레스코의 사용법과 기능 설명이 있습니다.

❺ **검색** : 전 세계 어도비 프레스코 유저들의 작업물들이 있습니다.

STEP 02   캔버스 만들기

어도비 프레스코도 그림을 그리기 전에 캔버스부터 만들어야 합니다. 프로크리에이트와 모양만 다를 뿐, 만드는 과정은 거의 비슷합니다. 어도비 프레스코는 디지털 또는 인쇄 작업에 맞는 사이즈가 세밀하게 나눠져 있습니다.

상단 중심에 캔버스를 설정할 수 있는 섹션이 있습니다. [사용자 정의 크기]에선 내가 원하는 사이즈를 설정할 수 있고, 그 옆엔 전에 내가 작업한 캔버스 사이즈들이 있습니다.

[사용자 정의 크기]를 누르면 최근에 작업한 캔버스 사이즈와 디지털과 인쇄에 적합한 캔버스 사이즈들이 있습니다(홈 화면의 좌측 하단에 '새로 만들기'를 눌러 들어갈 수도 있습니다).

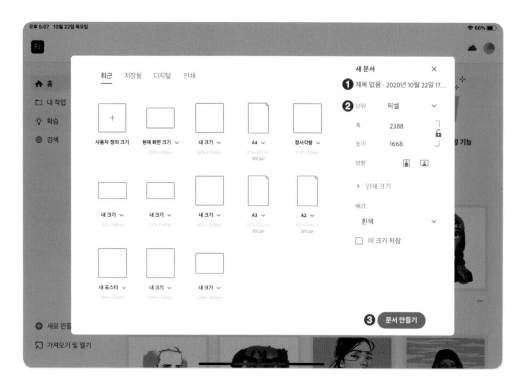

❶ **이름 수정하기** : 우측의 새 문서 아래에 있는 '제목 없음'을 탭하면 캔버스 이름을 수정할 수 있습니다.

❷ **캔버스 사이즈 설정하기** : 작업에 맞는 단위와 폭, 넓이를 직접 설정할 수 있습니다. 인쇄를 위한 작업이라 면 '인쇄 크기'를 눌러 ppi를 높게 설정해 주면 됩니다. 보통 300ppi 이상이 인쇄에 적합합니다.

[TIP] ppi는 디지털 화면에서 사용하는 용어이고, dpi는 인쇄에서 사용하는 용어로 같은 의미입니다. ppi(pixel per inch)는 모니터나 TV 등에 가로, 세로 1인치에 들어있는 픽셀의 수이고, dpi(dots per inch)는 인쇄할 때 종이에 분사 되는 가로, 세로 1인치에 들어있는 잉크방울의 개수이다.

❸ **캔버스 만들기** : 캔버스 크기와 인쇄 크기를 설정했다면 좌측 하단의 '문서 만들기'를 누르면 캔버스가 만들 어집니다.

STEP 03　　어도비 프레스코의 인터페이스 알아보기

어도비 프레스코의 개발 목적은 초심자도 사용하기 쉬운 드로잉 앱을 만드는 것이었다고 합니다. 그래서 프 레스코의 인터페이스는 상당히 간결하고 거추장스럽지 않습니다. 꼭 필요한 기능만 알차게 들어있는 어도비 프레스코의 다양한 툴 기능을 살펴봅시다.

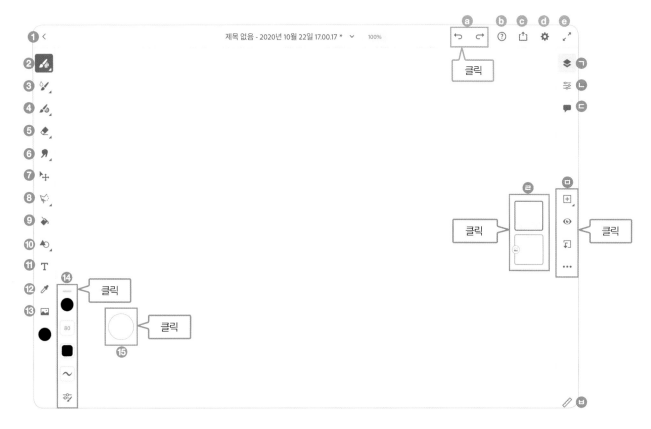

❶ 홈 화면 : 홈 화면으로 돌아갑니다.

❷ 픽셀 브러시 : 비트맵 기반의 브러시로, 크게 확대하면 픽셀이 보입니다.

❸ 라이브 브러시 : 수채화와 유화 효과가 사실적으로 표현되는 브러시입니다.

❹ 벡터 브러시 : 벡터 기반의 브러시로, 아무리 확대해도 깨지지 않고 깔끔한 표현이 가능합니다.

❺ 지우개 : 그림을 지울 수 있습니다.

❻ 스머지 브러시 : 블렌딩을 할 수 있는 브러시입니다.

❼ 변환 : 선택한 이미지 위치를 옮길 수 있습니다.

❽ 선택 : 이미지를 선택할 수 있습니다.

❾ 페인팅 : 원하는 영역에 색을 채워 넣을 수 있습니다.

❿ 모양 : 원형, 정사각형, 다각형의 모양이 있습니다.

⓫ 텍스트 : 글씨를 쓸 수 있습니다.

⓬ 스포이드 : 원하는 색을 추출할 수 있습니다. 프로크리에이트처럼 손가락으로 길게 눌러 추출 가능합니다.
　　 또한 다색 스포이드로 여러 색상을 동시에 추출해 한번에 여러 가지 색을 브러시로 표현할 수 있습니다.
　　 픽셀 브러시와 라이브 브러시에서 적용 가능하지만, 몇몇 적용이 안 되는 픽셀 브러시가 있습니다.

⓭ 갤러리 : 사진, 파일을 캔버스로 불러올 수 있습니다.

⑭ 브러시 도구 옵션 : 브러시 크기와 색상, 선 매끄럽게 하기, 잉크 플로우, 스무딩을 조절할 수 있습니다.

⑮ 터치 단축키 : 동그란 단축키를 누른 채 애플펜슬을 사용하면 지우개로 사용할 수 있습니다.

ⓐ 실행 취소 & 재실행 : 작업의 실행 취소와 재실행 툴입니다. 프로크리에이트처럼 두 개의 손가락으로 화면을 누르면 실행 취소, 세 개로 누르면 재실행이 가능합니다.

ⓑ ? : 어도비 프레스코 사용법과 제스처, 단축키 등을 알아볼 수 있습니다.

ⓒ 내보내기 : 다양한 모드로 파일 내보내기는 물론, 일러스트레이터로 보내기, 링크 공유, 라이브 스트리밍까지 가능합니다. 단, 라이브 스트리밍을 하려면 Behance 계정이 있어야 합니다.

ⓓ 설정 : 캔버스 파일명과 크기 변경, 뒤집기, 회전이 가능합니다. 회전과 확대, 축소는 두 개의 손가락으로 돌리면 회전, 벌리면 확대, 오므리면 축소가 됩니다.

ⓔ 인터페이스 숨김 : 작업할 때 최소한으로 필요한 기능만 빼 나머지 인터페이스가 모두 숨겨집니다. 레이어 패널까지 숨기고 싶다면 인터페이스 숨김을 하기 전에 레이어 패널을 숨기고 인터페이스 숨김을 하면 됩니다.

ㄱ 레이어 패널 숨김 : 레이어 패널 전체를 숨겨줍니다.

ㄴ 레이어 속성 : 레이어 혼합 모드와 불투명도, 레이어 이름을 변경할 수 있습니다.

ㄷ 채팅 : 내 그림을 다른 사람들과 공유하고, 그에 대한 피드백을 댓글로 받아볼 수 있습니다.

ㄹ 레이어 패널 : 프로크리에이트와 달리 레이어가 밖에 나와 있어서 작업 위치를 헷갈리지 않고 작업하기 편합니다. 벡터 레이어와 픽셀 레이어 구분은 레이어 창에 있는 작은 동그라미 속 모양으로 구분할 수 있습니다.

ㅁ 레이어 작업 : 레이어 추가와 숨김이 있습니다. 숨김 밑에 있는 아이콘을 누르면 아래 레이어의 영향을 받습니다. 프로크리에이트의 알파채널과 같은 기능입니다.

ㅂ 눈금자 : 정확한 선을 그릴 수 있으며, 눈금자에 대고 그림을 그리면 획의 픽셀 길이가 표시됩니다.

STEP 04   라이브 브러시

라이브 브러시는 단연코 어도비 프레스코의 핵심 기능입니다. 라이브 브러시엔 수채화 · 유화 브러시가 있습니다. 어도비 AI 기술인 어도비 센세이를 활용해 만든 수채화 · 유화 브러시는 실제 종이 위에 물감을 바르는 느낌을 굉장히 사실적으로 표현해 줍니다. 필자는 라이브 브러시를 사용하기 위해 어도비 프레스코를 사용한다고 해도 과언이 아닙니다. 아무리 기술이 뛰어나도 디지털이 아날로그가 주는 느낌까진 표현하기 어렵지 않을까 라는 생각을 과감히 없애준 라이브 브러시를 살펴봅시다.

라이브 브러시의 수채화 브러시

라이브 브러시의 수채화 브러시는 다음과 같이 총 5종류가 있습니다.

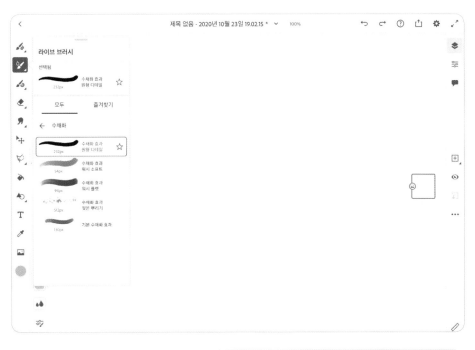

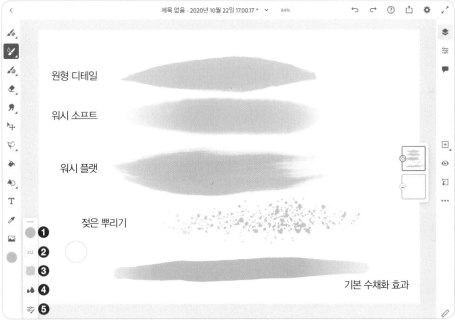

각 브러시마다 물의 양, 물감의 양, 브러시 모양이 다르니 하나씩 사용해 보며 느껴보길 바랍니다. 수채화 브러시를 선택할 때 생기는 브러시 도구 옵션엔 ❶ 색상, ❷ 브러시 크기, ❸ 플로우(브러시 불투명도), ❹ 워터 플로우(물의 양), ❺ 브러시 설정이 있습니다.

수채화 브러시 사용 방법

워터플로우를 0으로 맞추고 두 개의 컬러를 겹쳐 칠해봤습니다. 워터플로우가 0이기 때문에 서로의 색이 번지진 않았지만, 투명 수채화인 만큼 두 개의 색이 겹친 부분이 보입니다.

워터플로우를 100으로 설정한 후, 두 개의 색을 겹쳐 칠하면 사진처럼 두 개의 색이 섞입니다. 이때 물감이 서로 섞이는 과정을 리얼하게 재현해 줍니다.

색상을 눌러 가운데 슬라이더를 좌측 끝까지 밀어 투명하게 설정하면 브러시엔 색은 묻어나지 않고 물만 남게 됩니다.

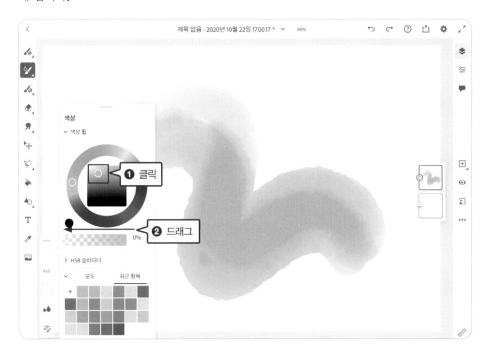

물만 남게 한 수채화 브러시로 기존에 채색한 수채화 그림 위를 칠해 번지게도 할 수 있습니다. 캔버스 밖으로 나갔다가 다시 들어와도 젖어 있는 효과는 그대로이기 때문에 무한정으로 물감 번짐이 가능합니다.

더 이상 번지게 하고 싶지 않을 땐 레이어 창을 누르고 레이어 작업 메뉴를 열어 [드라이 레이어]를 눌러주면
해당 레이어 그림이 마릅니다.

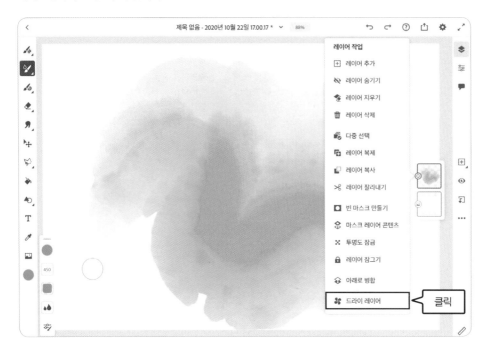

[드라이 레이어]를 적용하면 그 위에 겹쳐 그려도 번지지 않습니다.

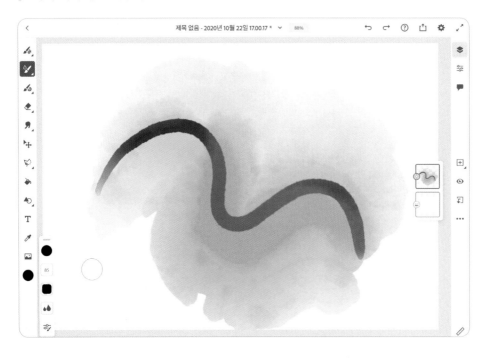

브러시에 물만 남기고 캔버스 위에 물을 먼저 칠해 준 후, 워터플로우를 0으로 설정한 수채화 브러시로 원하
는 색을 그 위에 발라주면 물을 바른 부분은 번지고, 아닌 부분은 번지지 않는 것을 확인할 수 있습니다. 물을

먼저 발라놓고 그 위에 채색하면 보다 부드럽게 물감이 퍼지는 효과를 낼 수 있습니다.

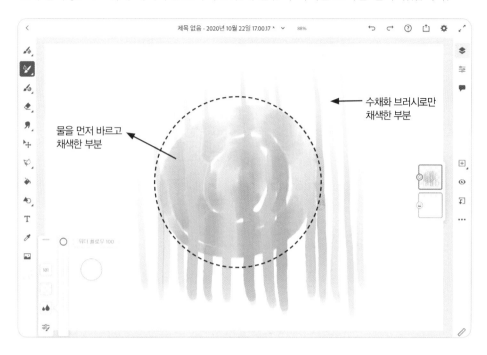

라이브 브러시의 유화 브러시

라이브 브러시의 유화 브러시는 다음과 같이 총 7종류가 있습니다.

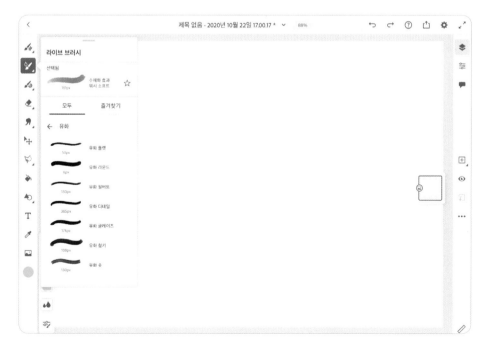

각 브러시마다 오일의 양, 물감의 양, 브러시 모양이 다르고 질감도 다르니 하나씩 사용해 보며 느껴보길 바랍니다. 유화 브러시를 선택할 때 생기는 브러시 도구 옵션은 ❶ 색상, ❷ 브러시 크기, ❸ 플로우(브러시 불투명도), ❹ 페인트 혼합(물감의 혼합의 정도), ❺ 브러시 설정이 있습니다.

유화 브러시 사용 방법

페인트 혼합이 0인 상태로 두 가지 색을 겹쳐 칠하면 섞이지 않습니다. 은폐력이 강한 유화물감의 특성 때문에 다른 색 위에 겹쳐 칠해도 채색한 색 그대로 표현이 됩니다.

페인트 혼합을 최대로 올리고 두 색을 겹치면 색이 섞입니다. 붓 방향에 따라 색이 섞이는 과정을 볼 수 있고 상당히 자연스럽게 블렌딩됩니다.

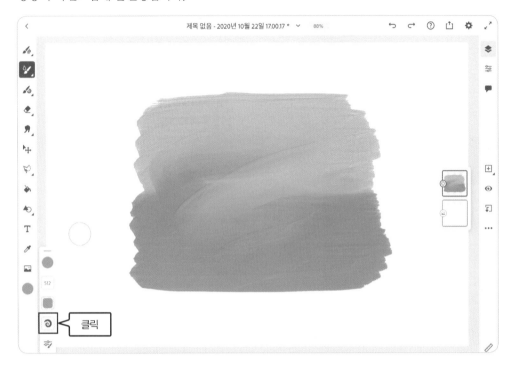

초록색으로 선택한 브러시로 노란색이 칠해진 영역으로 밀어가며 섞어준 상태에서 그대로 다른 영역에 칠하면 마지막에 묻은 컬러가 묻어 나옵니다. 실제 유화 같은 디테일한 느낌까지 제대로 표현했다는 것을 확인할 수 있습니다.

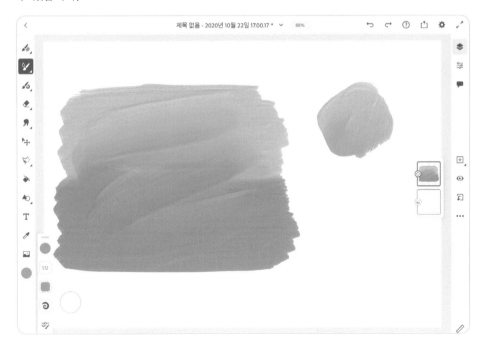

블렌딩한 후, 섞인 물감이 계속 묻어나오는 것을 원하지 않고 원래 설정한 색 그대로 나오게 하고 싶다면 브러시 설정에 들어가서 '색상 다시 불러오기'를 활성화해 주면 아무리 그 전에 블렌딩을 해서 브러시에 다른 물감이 묻었더라도 새롭게 칠한 영역에선 원래 설정한 색으로 채색할 수 있습니다.

유화 브러시로 인물화 그리기

아이패드와 애플펜슬, 그리고 어도비 프레스코만 있으면 간편하게 멋진 유화 그림을 그려낼 수 있습니다. 유화 브러시를 이용해 인물을 그리는 과정을 천천히 따라해 보며 프로크리에이트의 종이 질감 레이어를 호환시켜 어도비 프레스코에 적용해 보겠습니다.

STEP 01　유화 브러시로 블렌딩 연습하기

인물을 채색할 때 자연스러운 명암표현을 위해 블렌딩은 필수입니다. 직접 페인트 혼합을 적절히 사용해 가며 감을 익혀야 이해가 빠릅니다. 꼭 블렌딩 연습을 충분히 해주길 바랍니다. 이번 장에선 명도, 채도 단계 연습을 한 후, 블렌딩 연습을 해봅시다.

01　현재 화면 크기로 캔버스를 만들고 라이브 브러시의 [유화 청키] 브러시를 선택합니다.

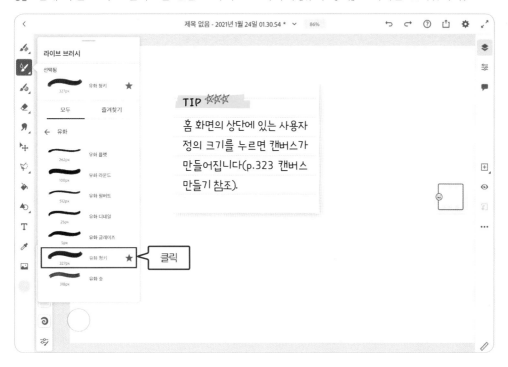

02 노란색 계열로 위에서 아래로 점점 채도가 높게 단계를 만들어 줍니다. 색상에서 좌측에서 우측 방향으로 채도 조절을 해주면 됩니다.

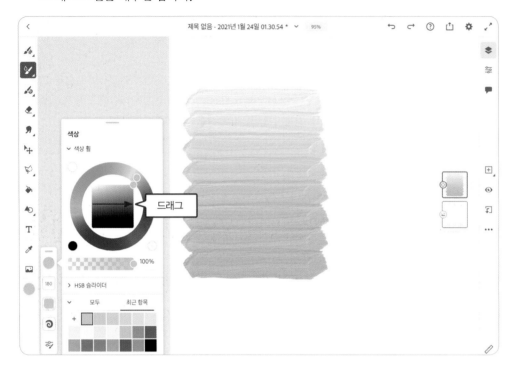

03 페인트 혼합을 약간 올려줍니다.

04 [유화 청키] 브러시로 톤을 나눈 경계를 자연스럽게 블렌딩해 줍니다. 펜을 떼지 않고 섞어도 보고 펜을 떼가면서 섞어보기도 합니다. 어떻게 펜을 움직여야 자연스럽게 블렌딩되는지 최대한 자연스럽게 블렌딩해 줍니다.

05 새 레이어를 만들고 그린 계열의 컬러로 아래로 갈수록 점점 어둡게 명도 단계를 표현해 줍니다. 색상에서 위에서 아래 방향으로 명도 조절을 해주면 됩니다(이때 페인트 혼합은 0으로 설정되어 있어야 합니다).

06 페인팅 혼합을 30% 정도로 올려주고 자연스럽게 블렌딩해 줍니다.

07 새 레이어를 만든 후, 퍼플 계열의 컬러로 아래로 갈수록 점점 어둡게 채도와 명도 단계를 표현해 줍니다. 색상에서 우측 상단에서 좌측 하단의 대각선 방향으로 명도 조절을 해주면 됩니다(이때 페인트 혼합은 0으로 설정되어 있어야 합니다).

08 페인트 혼합을 30% 정도로 설정하고 경계를 자연스럽게 블렌딩해 줍니다.

09 비슷한 계열의 블렌딩을 연습했다면 이젠 서로 다른 컬러를 블렌딩하는 연습을 해봅니다. 먼저 3개의 레이어를 모두 병합합니다. 페인트 혼합의 농도를 어느 정도로 설정하면 좋은지, 브러시 방향은 어떻게 사용하면 좋은지를 직접 사용해 보면서 느껴보고 익숙해질 때까지 계속 연습합니다.

TIP ☆☆☆

레이어 병합하기 : 레이어를 누르면 메뉴 창이 나옵니다. 가장 하단의 [아래로 병합]을 눌러 주면 아래의 레이어와 병합됩니다.

STEP 02   유화 브러시로 반실사화 그리기

블렌딩 연습이 충분히 되었다면 반실사화 그림을 통해 입체표현을 연습해 봅시다.

01 현재 화면 크기로 캔버스를 만들고 픽셀 브러시의 [스케칭]–[연필]을 선택합니다.

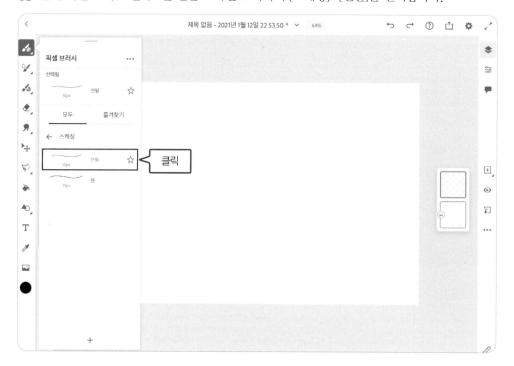

02 동그라미를 그린 후, 얼굴 비율을 그려줍니다(p.44 연령별 얼굴 그리기 참조).

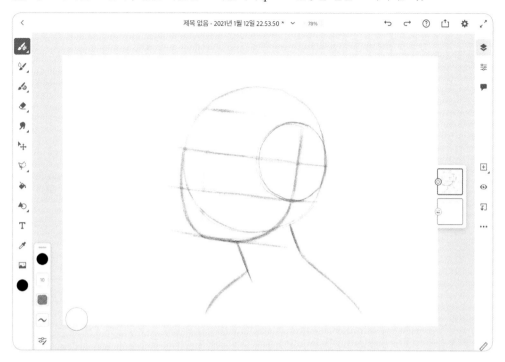

03 레이어 속성에서 불투명도를 낮춰 줍니다.

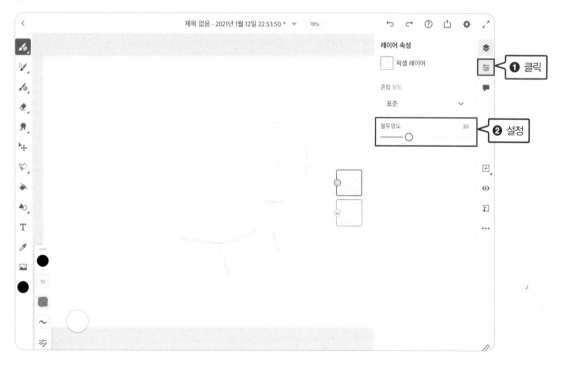

04 우측의 + 버튼으로 새 레이어를 만들고, 비율을 그린 스케치에 맞춰 이목구비와 머리카락, 몸의 형태를 대략 그려줍니다.

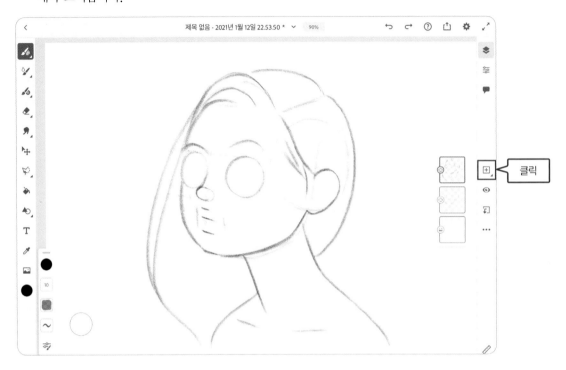

05 그 위에 조금 더 세밀한 형태를 그려줍니다.

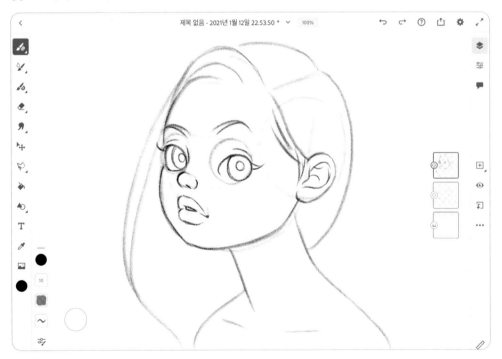

06 새 레이어를 만들어 [스케치] 레이어 아래에 놓습니다. 라이브 브러시의 [유화 디테일]을 선택합니다.

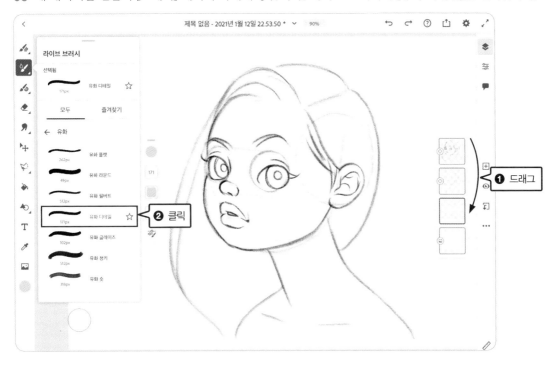

07 적당한 피부 컬러를 선택하고 피부를 채색해 줍니다.

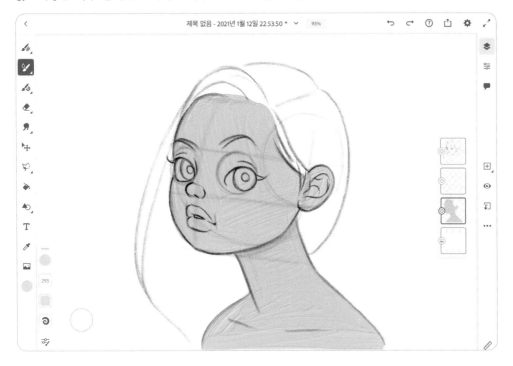

08 [피부 채색] 레이어 위에 새 레이어를 만들고 갈색으로 머리카락을 채색해 줍니다.

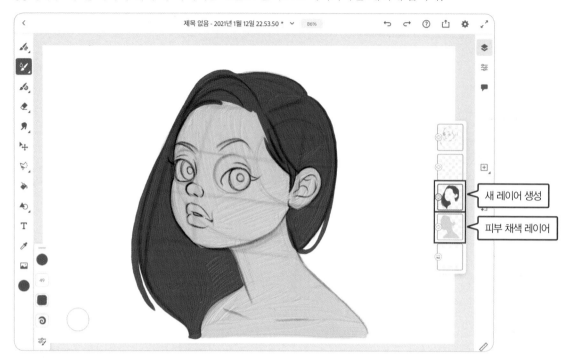

09 [머리카락] 레이어의 불투명도를 30%로 낮춰 줍니다.

10 [피부 채색] 레이어 위에 새 레이어를 만들고 눈의 흰자, 눈두덩이, 입술, 치아, 눈동자를 채색해 줍니다.

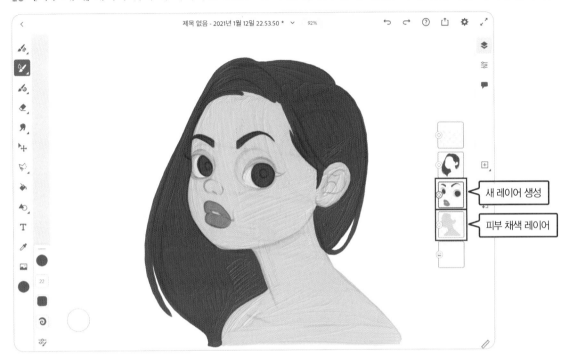

새 레이어 생성

피부 채색 레이어

11 [피부 채색] 레이어를 누르면 다음과 같은 추가 메뉴 창이 나옵니다. 여기서 [투명도 잠금]을 선택합니다.

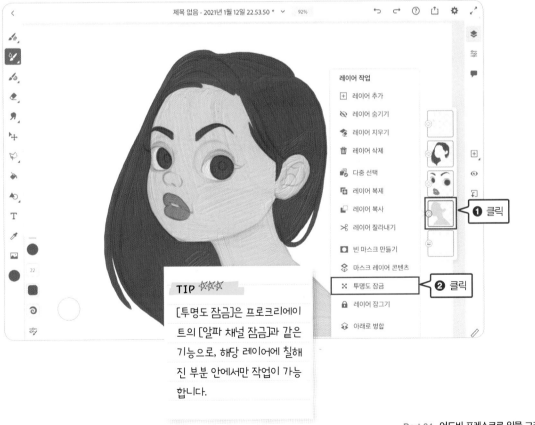

레이어 작업

레이어 추가
레이어 숨기기
레이어 지우기
레이어 삭제
다중 선택
레이어 복제
레이어 복사
레이어 잘라내기
빈 마스크 만들기
마스크 레이어 콘텐츠
투명도 잠금
레이어 잠그기
아래로 병합

❶ 클릭

❷ 클릭

TIP ☆☆☆
[투명도 잠금]은 프로크리에이트의 [알파 채널 잠금]과 같은 기능으로, 해당 레이어에 칠해진 부분 안에서만 작업이 가능합니다.

12 피부 컬러보다 조금 더 어두운 톤으로 어두움을 채색해 줍니다.

13 페인트 혼합을 약 20%로 맞춘 후, [유화 청키] 브러시로 피부의 경계를 자연스럽게 블렌딩해 줍니다.

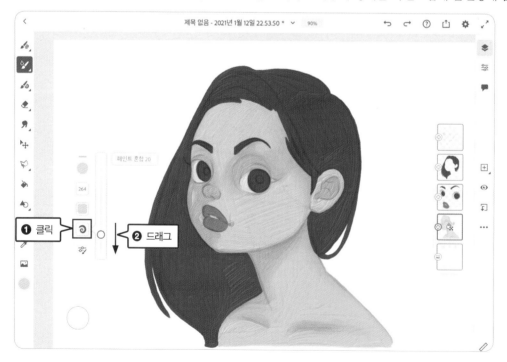

14 핑크 계열로 광대와 콧잔등 위, 귀 부분에 생기를 표현해 줍니다. 그리고 깊게 들어간 눈두덩이의 어두움을 표현해 줍니다(이때 페인트 혼합 농도를 올려서 블렌딩해 줍니다).

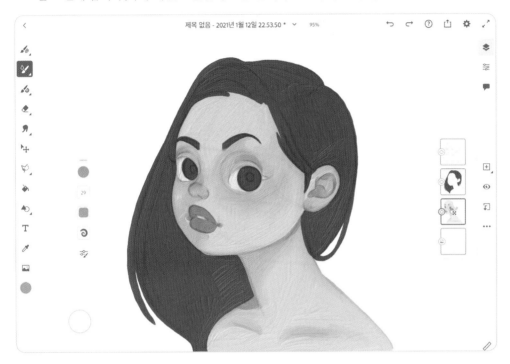

15 [머리카락] 레이어 위에 새 레이어를 만들고 아이라인을 그려줍니다.

새 레이어 생성

머리카락 레이어

16 우측의 눈 모양 아이콘을 눌러 [스케치] 레이어를 숨겨주고 [유화 청키] 브러시를 선택합니다.

17 눈동자보다 어두운 톤으로 동공과 외곽을 표현해 줍니다(페인트 혼합은 0%).

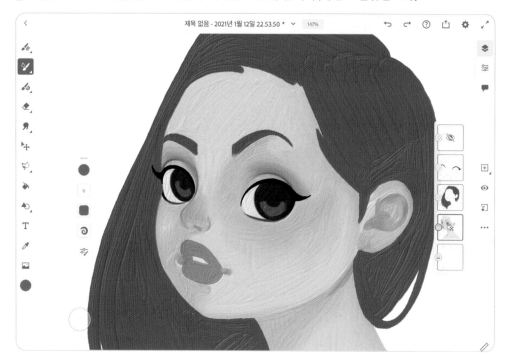

18 검은색으로 동공과 눈동자의 가장 윗부분을 채색해 줍니다. 페인트 혼합 농도를 약간 올리고 콧잔등을 약간 더 채도 높은 컬러로 표현해 줍니다.

19 입술의 명암을 잘 관찰해 가면서 표현해 줍니다.

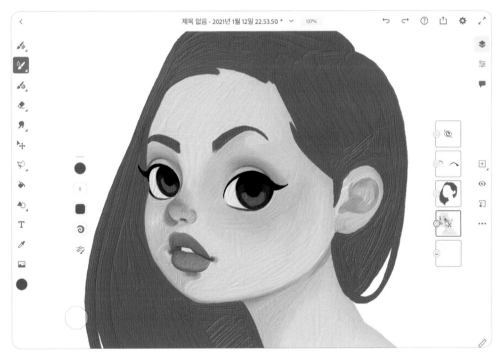

20 [머리카락] 레이어를 선택하고 페인트 혼합이 0%인 상태에서 머리카락보다 어두운 컬러로 어두움의 영
역을 표현해 줍니다. 정수리쪽 볼륨감을 위해 페인트 혼합을 약간 올려 자연스럽게 블렌딩해 줍니다.

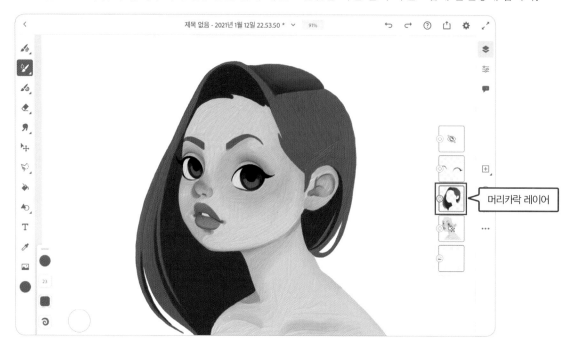

21 머리카락의 밝음을 머릿결 방향에 맞게 그려줍니다(페인트 혼합 0%).

22 [피부 채색] 레이어를 선택하고 페인트 혼합을 올려준 상태에서 피부를 조금 더 자연스럽게 블렌딩해 줍니다. 페인트 혼합을 다시 0%로 만든 후, 브러시 크기를 작게 해서 눈썹, 눈, 코, 입술, 귀의 세밀한 명암을 표현해 줍니다. 어느 정도 명암이 자연스럽게 표현되었다면 피부보다 밝은 컬러로 얼굴의 하이라이트를 표현해 주면 완성됩니다.

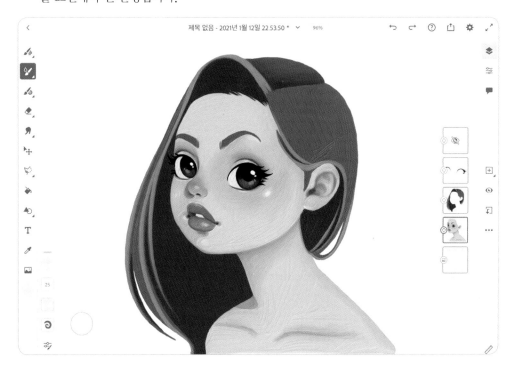

STEP 03 면 스케치로 사실화 그리기

면 스케치는 선이 아니라 큰 면으로 형태를 잡아 그리는 것을 뜻합니다. 단순하고 러프하게 시작하다가 점점 복잡하고 세밀한 형태로 진행하는 유화 그림 과정처럼 진행합니다. 면 스케치를 하기에 편한 정면 사진으로 준비했습니다. 대신 표정이 살아있는 사진이라 그리기에 재밌고 밝음과 어두움이 잘 나눠져 있어서 면 나누는 것도 그리 어렵지 않습니다. 그림의 큰 형태를 볼 수 있는 눈을 기르게 해주는 면 스케치를 해봅시다.

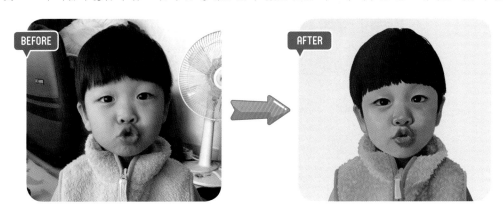

01 현재 화면 크기로 캔버스를 만들고 [유화 청키] 브러시를 이용합니다. 우측 + 버튼을 눌러서 얼굴, 목, 핑크 조끼, 팔, 머리카락 순으로 각각 레이어를 만들어 그려줍니다. 레이어는 머리카락 – 얼굴 – 조끼 – 목과 팔 순서입니다. 이때 페인트 혼합은 0입니다.

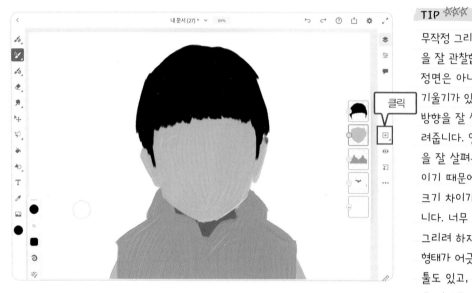

클릭

TIP ✮✮✮

무작정 그리지 말고 참고사진을 잘 관찰합니다. 사실 완전 정면은 아니고 약간 얼굴에 기울기가 있습니다. 기울어진 방향을 잘 살피고 얼굴을 그려줍니다. 얼굴과 몸의 비율을 잘 살펴봅니다. 어린아이이기 때문에 어깨와 얼굴의 크기 차이가 그리 크지 않습니다. 너무 세밀한 형태까지 그리려 하지 않아도 됩니다. 형태가 어긋나더라도 지우개 툴도 있고, 되돌리기 기능으로 언제든 수정 가능하니 큰 터치로 과감히 그려줍니다.

02 각각의 레이어에 보이는 어두움을 표현해줍니다. 머리카락은 검은색으로 전체를 칠해 놨으니 조금 더 밝은 톤을 선택해 빛을 받은 면을 채색해 줍니다. 그런 후, [얼굴] 레이어를 선택하고 조금 더 어두운 톤으로 눈에 보이는 어두운 면을 채색해 줍니다. 마지막으로 [핑크 조끼] 레이어를 선택하고 조끼의 어두운 영역을 채색해 줍니다.

TIP ✮✮✮

눈, 코, 입의 위치를 잘 살펴가면서 표현합니다. 세밀한 형태가 아닌, 큰 면을 칠한다는 생각으로 러프하게 채색해 줍니다.

STEP 04 　 사실화 채색하기

밝음과 어두움, 그리고 큼직한 형태들이 어느 정도 나왔다면 조금씩 형태를 세밀하게 표현하는 단계로 진행합니다. 형태를 정리해 가며 채색해 봅시다.

01 페인트 혼합을 20으로 설정하고 얼굴 레이어를 선택합니다(섞이는 정도를 확인하면서 혼합의 양을 조절하며 진행합니다).

❶ 클릭　❷ 드래그

02 얼굴의 밝은 면 컬러를 추출해서 밝음과 어두움의 경계를 서로 섞듯이 문질러 경계를 부드럽게 풀어줍니다. 펜을 떼지 않고 색을 섞듯이 비벼주면 자연스럽게 중간톤이 형성되어 표현됩니다. 얼굴이 어느 정도 부드럽게 표현되었다면 머리카락, 조끼도 마찬가지로 밝은 컬러를 추출한 후, 형태 모양에 맞춰 경계를 풀어줍니다. 레이어가 헷갈리지 않게 잘 선택해서 채색해 줍니다.

추출하기

TIP ★★☆

컬러 추출하기 : 추출하고자 하는 부분을 손가락으로 길게 누릅니다.

03 [얼굴 채색] 레이어 위에 새 레이어를 만들고 눈과 입술을 그려줍니다. 이때 페인트 혼합은 0으로 설정해 주고 눈의 흰자에서 검은자, 입술 순으로 진행해 줍니다. 눈밑의 애교살, 콧볼과 콧망울, 입꼬리 등의 작은 면들을 표현해 줍니다.

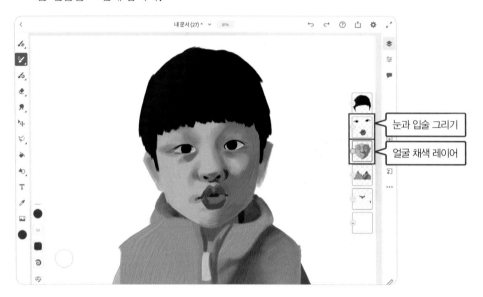

눈과 입술 그리기
얼굴 채색 레이어

04 [눈과 입을 그린] 레이어와 [얼굴 채색] 레이어를 병합해 줍니다. 페인트 혼합을 20으로 설정하고 부드럽고 자연스럽게 그림 전체를 블렌딩해 줍니다(레이어를 잘 선택하고 표현해 줍니다). 조끼의 자잘한 털 모양은 신경 쓰지 말고 양감만 표현해 줍니다. 목과 조끼의 어두움이 서로 연결되니 두 개의 레이어를 병합해 표현해도 좋습니다. 머리카락은 밝음과 어두움이 자연스럽게 블렌딩되었다면 페인트 혼합을 0으로 맞추고 브러시 크기를 작게 만들어 머릿결을 그려줍니다. 잔머리들도 그려주면 더 자연스럽습니다.

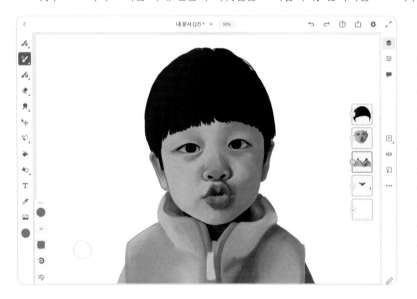

TIP ☆☆☆

무작정 비비는 것보다 톤의 흐름, 덩어리의 흐름에 맞게 채색해야 자연스럽습니다. 또렷하게 보이고 싶은 부분은 페인트 혼합 없이 채색하면 됩니다. 채색을 진행하면서 상황에 맞게 페인트 혼합과 브러시 크기를 수시로 조절합니다.

05 [머리카락] 레이어를 뺀 나머지 레이어들을 모두 병합한 후 얼굴의 하이라이트를 표현해 줍니다. 강하게 반짝이는 부분은 페인트 혼합을 0으로, 은은하게 표현되어야 할 부분은 10~20으로 설정해 표현해 줍니다. 좌측 광대에 밝음은 은은하고 부드럽게 표현해 주고, 이목구비에서 생기는 그림자의 강약처리, 눈의 흰자에 눈꺼풀의 그림자는 은은하게 표현해 준 후, 속눈썹을 그려줍니다. 조끼는 어깨와 지퍼 옆의 바이어스 형태 및 톤을 정리해 주고 조끼의 양털을 표현해 줍니다. 털의 컬러는 표현할 면의 톤보다 살짝 밝은 톤으로 해줘야 자연스럽습니다. 적당한 크기의 브러시로 약간 곡선 느낌으로 터치를 해주며 털을 표현해 줍니다. 이때 페인트 혼합은 0입니다. 약간씩 밖으로 삐져나가게, 털의 방향도 서로 다르게 그려줍니다. 마지막으로 지퍼와 지퍼의 하얀색 손잡이를 묘사해 줍니다.

TIP ☆☆☆

얼굴에 하이라이트를 표현하면 완성도가 확 오릅니다. 동시에 보강이 필요한 부분이 보이기 때문에 다음 단계로 진행하는 것이 훨씬 순조롭습니다.

STEP 05 프로크리에이트와 어도비 프레스코 호환하기

프로크리에이트와 어도비 프레스코의 레이어는 호환이 가능합니다. 단, 프로크리에이트에서 어도비 프레스코로만 레이어를 옮길 수 있습니다(어도비 레이어는 프로크리에이트로 옮겨지지 않습니다). 때문에 어도비 프레스코에 없는 프로크리에이트의 기능 및 효과를 적용한 레이어를 어도비 프레스코로 가져와서 작업을 할 수 있습니다. 이 두 프로그램의 호환 방법을 알아봅시다.

01 프로크리에이트 어플을 열고 어도비 프레스코에서 만든 캔버스 크기와 같은 크기로 캔버스를 생성합니다. 만들어 놓은 '캔버스 종이 질감' 브러시로 캔버스에 종이 질감을 만들어 줍니다(p.246 종이 질감 브러시 만드는 방법 참조).

02 아이패드 독(Dock)을 열고 어도비 프레스코를 위로 끌어올려 화면 분할을 해줍니다.

03 프로크리에이트의 레이어 창을 열어 캔버스 종이 질감을 표현한 [레이어1]을 꾹 누르고 우측 어도비 프레스코 화면 위로 끌고 오면 사진과 같이 레이어 우측에 + 버튼이 생깁니다. 그때 애플펜슬을 떼면 프로크리에이트의 [종이 질감] 레이어가 옮겨져 어도비 프레스코에 [종이 질감] 레이어가 생성된 것을 볼 수 있습니다.

04 생성된 [종이 질감] 레이어를 선택하고 우측의 [레이어 속성]에서 불투명도를 80%로 낮춘 후, 혼합 모드는 '곱하기'로 설정해 줍니다. 종이 질감 톤이 그리 어둡지 않으면 굳이 불투명도를 낮추지 않아도 됩니다.

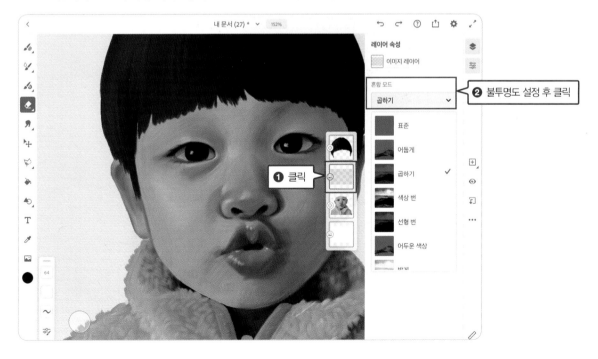

05 우측 상단의 '내보내기'에서 원하는 파일로 저장합니다.

06 다음과 같이 완성되었습니다.

MEMO

MEMO